随时候命

许德理 /著

简体字版

随时候命 （简体字版）

作者：	许德理
译者：	杨郭玉霞
繁体字版主编：	郭文池
繁体字文稿编辑：	雷叶洁霞
繁体字出版：	播道神学院
简体字文稿编辑：	美国科州报德华人播道会（BCEFC）
简体字出版：	Entrust Source Publishers
版次：	二零一五年五月初版（繁体字版）
	二零一六年三月二版（繁体字版）
	二零二四年十月（简体字初版）
ISBN 书号：	978-1-942308-50-8

版权所有

Sui Shi Hou Ming (Simplified Chinese Edition)
Available: Any Bush Will Do (English Edition)

Author:	Doris Ekblad-Olson
Translator:	Rachel Kwok-Yeung
Editor in Chief:	Man Chee Kwok (Traditional Chinese Edition)
Script Editor:	Cynthia Ip-Lui (Traditional Chinese Edition)
	Boulder Chinese Evangelical Free Church (Simplified Chinese Edition)
Publisher:	Evangel Seminary (Traditional Chinese Edition)
	Entrust Source Publishers (Simplified Chinese Edition)
Edition:	First Traditional Chinese Edition, May 2015
	Second Traditional Chinese Edition, March 2016
	First Simplified Chinese Edition, October 2024
Distributor:	Entrust Source Publishers
	Address: 292 Camino La Pasida, Rio Rico, AZ 85648
	Website: entrustsource.com
	Phone: 520-885-9278

This book was first published in the United States by
Entrust Source Publishers

Translated & Published by Permission of author and Original Publisher

愿把此书献给与我结婚十载，我亲爱的丈夫——他不但鼓励我，更无私地腾出时间，让我撰写此书。

献给神——祂赐我人生的福分实在不可思议！

谨献上此书，愿神得着荣耀，他人得着祝福。

陈 序

"门徒出去，到处宣传福音。主和他们同工，用神迹随着，证实所传的道。"乃《马可福音》的结束语；在朝不保夕，风声鹤唳中，使徒保罗"放胆传讲神国的道，将主耶稣基督的事教导人，并没有人禁止。"乃《使徒行传》的结束语。美国播道会宣教士许德理姑娘所写 *Available: Any Bush Will Do* 如同《福音书》与《使徒行传》的延续，正如书的封面写着说：

"本书记载着在肯让神作工的人中，神行奇事的杰出见证！"

许德理教士从1953年全不谙粤语，到1997年荣休，一直到今天仍满口地道粤腔！在香港为主劳苦四十四年，带领多人归向又真又活的神，更鼓励了多位青年把生命摆上祭坛，勇作全时间事主的工人（笔者乃其一），实在见证了神的作为。她强调既然神使用那刚被烧着的荆棘（burning bush）来呼召摩西，因此只要任何一棵矮树（中文圣经译作"荆棘"）肯，神都乐意使用！她以轻松的笔调，见证"福音本是神的大能，要救一切相信的人"（罗马书 1：16），更实践了"传扬祂，是用诸般的智慧，劝戒各人，教导各人，要把各人在基督里完完全全地引到神面前。我也为此劳苦，照着祂在我里面运用的大能尽心竭力。"（歌罗西书1：28-29）

许教士的劳苦并不只有把人引到神面前。她对神的委身，驱使她呼吁其他信徒"举目向田观看"（约翰福音 4：35），继而唤醒青年人："庄稼多，作工的人少。所以，你们当求庄稼的主打发工人出去收祂的庄稼"（马太福音 9：37-38），她锲而不舍地跟进她的小羊，藉着个人、小组及团契工作鼓励青年献身。书中见证神与她同工。受她鼓励的基督徒今天分布在世界各地的华人群体里，这本自传以十二章的见证分享"只要你肯，神能"，使读者们受感良深。每想到这位宣教士付出的代价，我们华人"为骨肉之亲"，岂不更应加倍努力？

书中记载许姑娘的父亲栩树叶牧师于1907年从瑞典往美国，继而清楚蒙召往中国"内蒙古"做宣教士。在那疾病流行、医疗缺乏的中国农村中，栩牧师先后失去两位师母及五个子女，并亲手为离世的家人先后制作了七具棺木。许姑娘在书中描写这刻骨铭心的往事，感人至深！回想笔者于1971年暑假，往威斯康辛州拜访栩老牧师，听他说他自己年老，不能再往中国传福音了，但每天为在前线的女儿祷告，他真的实践保罗所言："无论是生是死，总叫基督在我身上照常显大。因我活着就是基督"（腓立比书1：20下-21上），也活出了"我们没有一个人为自己活，也没有一个人为自己死。我们若活着，是为主而活；若死了，是为主而死。"（罗马书14：7-8）

栩老牧师两代人向神的绝对顺服，对中国人的负担及厚爱，还留下七具家人的棺柩埋在中国土壤，这恩典是我们无法偿还的啊！栩老牧师于1972年息了地上的劳苦，然而作工的果效随着他。读者们亦可在《当凡夫俗子遇上伟大真神》书中寻索他感人肺腑的见证。

本书最令吾人欢欣的见证，一定是神如何撮合许姑娘与华恩·奥逊牧师（Rev. Dr. Vern Olson）彼此做老伴，发出荣耀的见证，使今天在教会中，耐心等候耶和华的未婚肢体们燃起希望！

综观本书，可见许德理教士

1. 效法恩主道成肉身，华化自己，为要得着中国人归主。

2. 效法恩主常存抢救失丧灵魂的热忱。

3. 效法保罗，"用诸般的智慧（with all wisdom）……劝诫……教导，把各人在基督里完完全全地引到神面前。"

4. 领人爱主至献身，看重与神的关系。

5. 锐意以神的话教导信徒，效法以斯拉"清清楚楚地念神的律法，讲明意思，使百姓明白所念的。"（尼希米记 8：8）

6. 看重训练，她从1960年至1995年委身执教于播道神学院，也同时在香港播道会活泉堂事奉，如今更把这本书的收益奉献给"播神"。

笔者执笔撰写这序言之际，不禁想起读者中多人曾忠心事主，毕生顺服主作荆棘（bush），可惜尚未能经历神的赐福，未免只能羡慕许教士，让笔者以约翰福音二十一章21-22节互勉："彼得看见他（约翰）就问耶稣说'主啊，这人将来如何？'耶稣对他说：'我若要他等到我来的时候，与你何干？你跟从我吧！'"

是的，主为每一位门徒所铺的路不同，如同西谚说："神呼召我忠心，并非呼召我成功"（God has called me to be faithful, not successful），唯愿您我对主忠心，随时候命（be an available bush），更顺服主的呼召："你跟从我吧！"

愿神使用本书的见证，兴起信徒热心传福音，委身事主，也成为宣教士及教牧们的勉励，荣归上主！

陈黔开
中国基督教播道会总会
执委会荣誉顾问
2015年2月

杨序

许德理宣教士的自传翻译成中文了,令人雀跃!这位被播道神学院的师生和校友誉为"Wonder Woman"的神奇女侠,见证她所事奉的神如何把平凡的生命化作传奇!

《随时候命》是一本有血、有泪、有欢笑、有赞美的传记——描述父神怎样使用一个随时候命的仆人,去完成祂的计划,赐福与成千上万的人。许姑娘所经历的神,又真又活,甚至常常施行奇事,令人赞叹不已!

对于神迹奇事,现代信徒往往走两个极端——一端是过份强调神迹奇事,追求神的能力过于追求神自己,以致信仰偏差,有的走上"富贵福音"之路,有的走火入魔,十分可惜。另一个极端就是把信仰只局限于理性或知识的追求,忽视以信心去经验属灵的真理,以致属灵经验浅薄,生活中甚少体会神的作为。许姑娘的属灵经验,牢牢扎根于基督的救恩,她所经历的奇事,不是"点石成金"的魔术,而是由于神找到了适合的器皿和渠道,彰显祂伟大的作为。故此,奇妙的经历只不过是"果","因"是由于神悦纳一颗单纯爱主之心。对今天信徒而言,这本书的信息是神今天仍然不断寻找爱祂的人,我们若愿意毫无保留地奉献生命服事祂,不问祸福,随时随地让神差遣使用,祂就成就祂的工作。

书中不少见证是我从前做许姑娘的学生时听过的,但真是百听不厌,再阅读她的文字记录,又别有一番味道。读她的传记,仿佛与她重度她的一生,除了与她同笑、同乐、同忧、同哭之外,更能体验神各种美善的属性和荣耀的作为:神从婴孩和吃奶的口中,建立了能力——祂奇妙地答应几岁小孩子的祷告，在极不可能的情况下降下冰块，让他们一尝冰淇淋的滋味，叫成年人也为之语塞。祂叫一粒落在地里死了的麦子，结出很多子粒来——许姑娘的父亲为了传福音，在内蒙苦寒之地流泪埋葬两任妻子和五个夭折的儿女。几十年后，许姑娘重游旧地，只见教会在内蒙遍地开花，充满生机。神叫流泪撒种的，欢呼收割——许姑娘在年青时用尽心血栽培的一群活泉堂团契青年人，几十年后有十三位成为全职传道人，较许姑娘所祈求的十二位还多出一位。神的灵使用千变万化的方法引导许姑娘接触陌生人，向他们传福音，因为这位使女随时候命，抓紧机遇，有时过程是相当有趣的，如有一次许姑娘需要寻回被风吹走了正在晒晾中的床单，就叩楼下邻居的门，谁知后来有机会带领那家的儿童回教会；又有一次她冒失以为蒙古人偷了她的袋子，后来寻回失物，就逐家逐户道歉并留下福音单张……数不尽的经历，令人赞叹神的智慧！

　　天父也藉许姑娘熏陶我的生命。当我在播道神学院修读时，学院没有一门"灵命培育"或"灵修神学"的学科，但是许姑娘的生命，就是极好的灵命培育课程。从她身上，我学习到怎样赞美神，欣赏神的作为，热切传福音和热爱神的话语。她用一年所教的"旧约综读"是我一生受用的科目。测验考试可真不容易，什么"旮旮旯旯"的内容她都会问，例如"所罗门圣殿前两条柱子叫什么名字？"今天我仍能答得出："雅斤和波阿斯！"虽然我不明白记得这两条柱子有何重要性，不过，透过不断温习，我们的确对圣经内容熟悉很多。许姑娘把旧约的整个历史发展有条理地介绍出来，把重要的人物、事件和年期以图表展示，又要我们牢牢记住，以致日后我很容易就能把圣经不同书卷的内容融会贯通。她不但教懂我们认识圣经（know the Bible），我认为更重要的，是她教我们感受圣经（feel the Bible），她对神的喜、怒、哀、乐，感同身受，她的讲解充满属灵的养分，让我深深感受神对人类的爱情，塑造我的心思，爱神所爱，恨神所恨！

犹记得有一次我坐在礼堂听许姑娘教授旧约时，心中突有茅塞顿开的感觉，脑海浮现了一个意念："若果神喜悦，将来我也要像许姑娘那样在神学院教圣经！"现在回想，那是神首次呼召我投身神学教育，后来祂真的带领我进修神学，并随着许姑娘的脚踪，在母院事奉，我因而有机会学习像许姑娘那样以生命建立下一代的神学生，真是天父恩典，生生不息！

很感恩父神加力给许姑娘完成其传记，向下一代传讲祂的奇妙作为。播道神学院郭文池院长领导团队制作中文版，使更多读者受惠；译者杨郭玉霞姊妹，以生花妙笔翻译，传情达意；又有不少幕后义工参与校对，使译文尽善尽美。我谨推荐本书予每一位愿意寻求神和爱神的人，无论是信徒或慕道者，必会大开眼界，一睹至高者的风采！

杨咏嫦
播道神学院前任院长
暨圣经科荣誉教授
2015 年 2 月 3 日写于苏格兰亚巴甸

繁体版编者序

想不到本书第一版在出版后不到两个月就售罄，相信这是因为今天仍然有很多信徒渴望看到圣灵如何具体地在我们当中显出祂奇妙的作为，为此我献上衷心的感恩！我们亦因此不敢怠慢，即时动手制作再版。

趁此再版的机会，我们修正第一版的错别词句，特别是作者许德理姑娘的父亲 Rev. Knute Hjalmar Ekblad 的中文用名。制作本书第一版时，编者有所疏忽，误将 Rev. Knute Hjalmar Ekblad 直译为"许浩民"牧师。现得其家人指正栎牧师的真正中文用名应为"栩树叶"，意为"橡树叶"，是其瑞典名字的直译。对于认识栩牧师的人而言，特别是他的家人和亲友，相信这个严重的错误为他们带来了很大的伤害。作为本书的主编，本人实在难辞其咎，敬请各位，特别是栩牧师的家人包容、见谅！

在此，再次感激许德理姑娘，她爱华人教会及关心神学教育之情，至今仍没有丝毫减退，乐意将所有卖书的收入奉献给她一生所事奉的播道神学院，愿主悦纳她为主所摆上的。

本书得以再次出版，除了感激播道神学院多位同工的努力外，还要特别多谢校友叶洁霞姊妹义务帮忙修订全书。

愿主再次使用这书，让每一位读者不单因书中所载那些神奇妙又大能的作为而惊讶，自己亦成为一个"随时候命"的人。愿荣耀归于三一真神！

郭文池
播道神学院院长
2016 年 3 月

自序

神在旷野中通过火烧着的荆棘向摩西说话,此事我们耳熟能详。究竟,神为何独独拣选了那株荆棘?是它美丽出众?幽香四溢?带有魔力?都不是!它并无任何非凡之处,它只是正在那里长着,随时等候被使用而已!神遂使用了它。很明显,在那里的其它的任何一株荆棘都可以被燃烧!

那株荆棘倒不是我们要关注的,但是神藉着它所做的事才是焦点所在。今天神使用软弱的人作器皿,显出祂奇妙的作为,叫我们看得啧啧称奇。不要聚焦看那器皿,请谨记:"凡在那里的任何一株荆棘皆可为神所用。"

我毋须求神使用我,决定在乎祂。我当做的只是在祂面前谦卑、顺服,主权在祂手中。深愿我的生命讨祂喜悦并荣耀祂,如耶稣所说:"因为我常做我父所喜悦的事。"我渴望成为烧着的荆棘,随时随地为神所用,并且留心观看祂在哪里显出作为来,投身其中,与祂同工。我们可以选择每天让自己成为随时候命的器皿:"主啊,早安!祢今天有什么隐藏的计划要展开?请让我参与,祢可以用我啊!我在这里!"然后,出乎意料地,祂的作为就会在我们里面和周遭,藉着我们,也为了我们,彰显出来。

因此,我在这里

    静观奇伟的神
    享受与祂相交
    回应祂的带领

          随时候命!
          许德理

作者鸣谢

本书的限量初版名为《委身生命的涟漪效应》（The Ripple Effect of Committed Lives），由我忠心的祷告伙伴在 2009 年为教会制作。她把我给她的笔记编纂起来，那些笔记是我从 2004 年起在科罗拉多州退休村的主日崇拜中所分享的四篇信息。

我完全没想到这个初版会面世。那些讲座内容基本上包括了我的出生，怎样开始踏上宣教之路。我的祷告伙伴渴望把那些见证神是何等信实的经历结成文集，在她的教会内派发，加上我的朋友们也促请我把自己的故事写出来。第一个版本因而面世。在这版本中，我增补了些讲座内容的详情，亦加进了更多故事，记述神怎样藉着一些软弱却随时候命，任由祂使用的器皿，彰显祂那不可思议的信实。

我随机从自己以及别人的人生中选取了这些片段，在其中，我看见神那大而可畏的作为。有些故事可追溯到上世纪五六十年代，当中提及的个别人物，那时还是中学生，今天却已贵为祖父母了！尤幸他们仍然健在，可以亲身核实那些经历。他们中间几位帮忙纠正了一些相关资料的小瑕疵——写此见证时，我已年逾八旬，而且是一个法定盲人，出现小问题实属意料中事。靠着神的帮助，我有幸重温那些动人的事件，撰写之际，感恩的泪常不自禁地涌流而下。我所事奉的神何等奇妙！

自 1953 年在香港投入宣教生涯至今，我反复看见神结出一直存留的果子。祂的方法无人能猜透，凭借的就是许多愿意随时候命，为祂所用的生命。我把个人儿时及青少年时代的经历包括其中，希望让人看见神开始模造一个朴质的瓦器为祂所用，是从一个很早的生命开始。千万不要低估神在小孩子心里的作为。

我最要感谢的是神，祂多年以来一直赐福给我，若不藉着这本书来分享祂的恩惠实在不妥。

愿这简短的见证荣耀神，又推动你越发甘心随时候命，任由祂用！

繁体版再版声明

由于制作本书第一版时，编者有所疏忽，误将 Rev. Knute Hjalmar Ekblad 直译为"许浩民"牧师。现得其家人指正栩牧师的真正中文用名应为"栩树叶"，意为"橡树叶"，是其瑞典名字的直译。特此声明，敬希栩牧师家人及读者见谅。

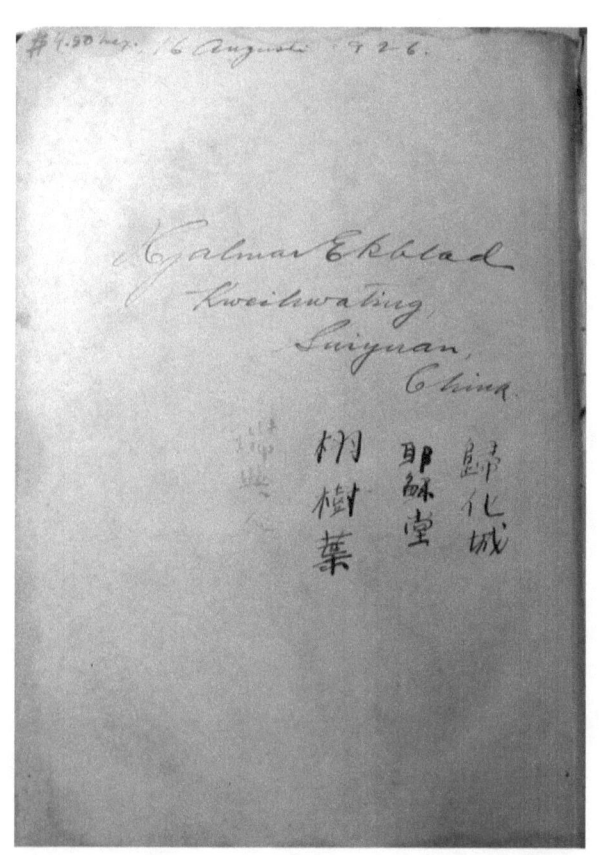

上图为栩牧师亲笔所书的中文名字及居住地点

简体版序

神一直在祂儿女中寻找那些愿意随时候命的基督徒，藉着多方祷告，殷勤服事，贴近神的心意，与神同工，履行大使命托付。神会把许多微不足道的服事巧妙连接，成为永不止息的涟漪效应，吸引世人的眼目，渴望透过这群随时候命的基督徒来认识上帝、耶稣基督和祂完成的人类救恩。

《随时候命》作者许德理宣教士从小跟随前往内蒙古宣教的父母，在五岁就立定向华人宣教的心志。由于母亲过世，她六岁乘船回到美国明尼苏达州，由姨妈抚养。1953 年被美国播道会差派前往香港作宣教士，参与教会植堂、青少年牧养以及神学院教学的工作。许姊妹在香港从事青少年的福音和牧养工作直到 1997 年退休。随后定居在科罗拉多州圣约退休村（Covenant Village）养老院。本书名《随时候命》原来是 *Available: Any Bush Will Do*，意思是神能燃起任何一丛顺服的荆棘，来彰显祂自己的大能。书的内容主要强调的是，基督徒顺服就会看见并经历神迹奇事。

《随时候命》先由英文版本翻译成繁体中文，于 2015 年在香港出版，并于 2016 年再版，2024 年重新校对，译文和内容依照简体中文读者的需求做了适量调整和删改，以中文简体版本发行。

许德里宣教士现年 94 岁，双目失明，有多项老年疾病，仍住在科州圣约退休村养老院。每星期本地华人教会安排协调姐妹们轮流探访，为她按摩，与她一起祈祷。许姑娘知道这些关怀都是上帝眷顾她在世上的日子，心存感恩，口中除了经常向姐妹们道谢，也不断向没有认识耶稣的探访者介绍耶稣、宣讲救恩。她立志并被呼召为宣教士，终其一生，不管得时不得时，都尽忠职守，努力传讲耶稣。去年开始她一直挂念《随时候命》这本自传简体版的制作与出版。2024 年报德华人播道会（Boulder Chinese Evangelical Free Church）多位姐妹一起同工重新校对完成简体版。恳求神继续使用这本书，在广大的中国群体中感动后起之秀——随时候命的儿女，承接两百多年来西方宣教士在中国传福音的担子，进一步加入普世宣教的行列。耶稣说："天上地下所有的权柄都赐给我了，所以你们要去，使万民作我的门徒。"（马太福音 28：18-19）

美国报德华人播道会
许德理宣教士关怀团队
2024 年 10 月

许德理于科罗拉多州圣约退休村门廊

目录

第 1 章 娃娃看内蒙 / 　　　1

第 2 章 非正统起点 / 　　　35

第 3 章 超奇历险记 / 　　　73

第 4 章 故乡与海外 / 　　　101

第 5 章 神自有妙法 / 　　　119

第 6 章 莫测的引导 / 　　　155

第 7 章 途上的怜悯 / 　　　165

第 8 章 蒙古文圣经 / 　　　181

第 9 章 至死也候命 / 　　　205

第 10 章 追求与婚礼 / 　　　219

第 11 章 携手并同行 / 　　　231

第 12 章 点线连成面 / 　　　241

第 1 章

娃娃看内蒙

（以2004年在科罗拉多州圣约退休村的一次主日晚堂分享为蓝本）

很高兴跟大家分享神在我孩提时代赐给我的福分。那时我家住内蒙，是宣教士的孩子。相信你们很少听到差传（编者按：差遣宣教士离开本地去传福音建立教会）对宣教士子女的影响吧？我现在就要告诉大家。我们要读的经文取自诗篇86篇：

诗篇 86：8-12

8 主啊，诸神之中没有可比祢的；祢的作为也无可比。
9 主啊，祢所造的万民都要来敬拜祢；他们也要荣耀祢的名。
10 因祢为大，且行奇妙的事；惟独祢是神。
11 耶和华啊，求祢将祢的道指教我；我要照祢的真理行；求祢使我专心敬畏祢的名！
12 主——我的神啊，我要一心颂赞祢；我要荣耀祢的名，直到永远。

背景

按着我仍存的童年记忆，我想跟大家分享一些我从偏远的内蒙，那颇不寻常的生活中的反思。盼望各位离开时，诗人在86篇10节的话会深印在你们心上:"因祢为大,且行奇妙的事;惟独祢是神。"

我想在这里集中讲述在内蒙时的童年往事。首先,我必须说明,我在内蒙只住了三年,就是从三岁至六岁(1933-1936)的期间。不过,这三年已给我留下难以磨灭的回忆。

传 承

我父亲栩树叶(Knute H. Ekblad)生于1889年,在瑞典长大,不满十八岁到了美国,在芝加哥跟一个瑞典基督徒家庭同住,与他们一起在书籍装订公司工作,又一起到夏谷播道会(Summerdale Evangelical Free Church)聚会。在这家人身上,父亲看见了耶稣。某主日崇拜后的晚上,郑及信老爷爷(Jackobson)在收拾折叠椅,心中满溢着主赐的喜乐,不自觉地唱起歌来,那简单的举动触动了父亲的心弦:"哪有人能像他那么快乐?"他回到家里,跪在床前,接受耶稣为他的救主与生命的主。

当父亲向神奉献自己,愿意随时随地为祂所用时,他便感到要去中国的负担和呼召。朋友们都认同此事,因为他就连样子都像中国人!(他那跟中国人相似的外貌,的确对日后的事工有利。)为了装备自己,父亲先后入读慕迪圣经学院(Moody Bible Institute)、伯特利学院(Bethel College)、加雷特圣经学院(Garret Biblical Institute)及芝加哥神学院(Chicago Theological Seminary)。

父亲回到瑞典，接受瑞典宣道差会（Svenska Alliance Mishoon）差派，他当时二十八岁。父亲从瑞典乘坐跨西伯利亚列车，横越俄国的西伯利亚到华北去，全程十八天坐在硬木长椅上，直至到达中国滨海的海参崴（这是1917年俄国革命前最后一班穿过西伯利亚的列车！）然后，他转回内陆去，抵达最终目的地。差会（编者按：宣教机构）在华北的内蒙的地方有事工（那地方以北的外蒙古，当时由俄国管治）。中国人住在内蒙的城镇中，蒙古人则留在北面的草原上。父亲大部份时间都在中国人中间工作，他就像那株燃烧的荆棘，准备随时候命。那么，神会藉着这株燃烧的瑞典荆棘，在遥远的中国做什么呢？

在父亲以瑞典文写成的日记中，提及学习语言和街头聚会，他每天总会三番五次到街上向招聚来的人群传道。当他到周围的村子去，向从未听闻福音的人布道时，一般会骑脚踏车或马匹前往。过了几年，他跟同一差会的宣教士爱雯（Alma）结婚，儿子夏路（Harold）在他们的"中国婚礼"举行一年后出生。

父亲天天热切地跟好奇的群众分享福音，每次回到爱巢，与妻子爱雯和爱儿夏路相聚，他便重新得力。但他丝毫没有察觉到仇敌魔鬼将要给他何等严峻的攻击，为要把他扔离宣教工场，看看他怎样能再随时候命！

仇敌魔鬼的攻击

夏路出生约一年后，爱雯诞下一对七个月的早产双胞胎女婴。那时医疗设备有限，其中一个刚出生便夭折了。因为没有保育箱，他们就用暖水袋代替，让剩下那个早产儿活了三个月。可惜，她最终还是死于肺炎。父亲又要多造一口棺木来埋葬这婴孩,并把她也安置到专门用来安葬宣教士及其子女的"殉道者坟场"。这坟场从20世纪初义和团起义时就有,因为那时有不少身在中国的宣教士殉道。

小夏路却茁壮成长,使仍在哀悼早逝的双生女儿的棚氏夫妇,因他大得安慰和喜乐。一岁半大的夏路正在学习走路及说话,性格乐天有如一道阳光。可是,一些出于好心的宣教士,不慎把从市场买来的本土食物给小夏路吃了,他因而病倒,由最初的腹泻渐渐变成痢疾。由于附近没有合适的治疗,父亲便带了那位由他带领归主的中医师来帮助夏路。这人也略懂西方医理,他替夏路灌洗胃部,试图抢救小生命,可惜最终也返魂乏术。这小宝贝夏路就此回到天家与耶稣同在了。父亲忆述他怎样跟爱雯把小夏路放进纸板箱中——那暖和的夏日黄昏,他俩坐在月光满洒的后院,陪伴着他。两口子一起,时而低泣,时而祷告,感谢神让他们得着这孩子一年半之久,并为他俩的生命带来种种喜乐。现在,殉道者坟场中那孪生女婴旁,又多添了第三口小棺木!

只数月后,父亲离家到一些位处边陲的村子里去带领聚会。期间信差带来消息:其妻爱雯病重(早前经历的伤痛可能令她的免疫系统变弱)。父亲赶回家去,发现爱雯已神智不清,并因斑疹伤寒而陷入昏迷。他连道别的机会都没有,因为她一直不省人事。感染斑疹伤寒刚满七天,她就与世长辞。最终,父亲家除他以外的生命都被夺去了!他哀痛欲绝……爱雯是他这年要埋葬在殉道者坟场的第四位,也是身边最后一位家人。这样,他仍愿向神随时候命吗?

情感得愈

那时，父亲已在工场服事了整整五年，同工们都促请他歇一歇，返回美国述职，并且医治他一直忍受着的伤痛。后来父亲说，经过了那特别延长的任期，又痛失家人之后，在乘船的归程中，他顿感孤寂不已。"全世界在我看来像荒漠一片，只有我独自一人在其中。但是，我有耶稣。"在船上的私人客舱里，他可以哭泣、祷告、唱诗，并赞美神。抵达西雅图时，他拿起一份报纸，读到有人因刚失去妻子，悲伤过度自杀了。父亲遂感谢神，因他仍有耶稣作他的安慰，让他活下去。

这次回美述职，父亲分享了他对中国的负担。他在很多教会担任讲员，又到过慕迪圣经学院的"中国祈祷团"（China Prayer Band）主讲。在其中一次祈祷会中，他遇上母亲倪小曼（Selma Nelson）。她是慕迪神学院的学生，打算毕业后到中国去。她也准备随时候命！虽然俩人在述职当年就订了婚，父亲却没等到未婚妻毕业，就先行返回内蒙事奉，因为那儿未曾听闻耶稣的人数不胜数。

母亲倪小曼自慕迪学院毕业后，就追随父亲到内蒙去。他们的宣教站是中国内地会的物业，而内地会规定，每位新任宣教士都必须在工场上服事最少两年才可结婚，好使他们专心学习中文。最后，双亲于1925年在差会院舍内举行简单的婚礼。据母亲日记所载，那些跟他们在宣教站一起生活和工作的中国人，在他俩举行婚礼那天以前，丝毫不曾察觉他们之间有什么特殊关系。

后来，又一对孪生女婴早产了。当地的生活很简朴，医疗设备又不足。虽然双胞胎其中一个是死胎，但是活下来的爱德（Esther）却为父母亲平添了大大的盼望与喜乐。然而，就在爱德出生三周后，她就在母亲的怀抱中失去血色，皮肤发青。母亲拼命为她按摩，试图助她恢复血液循环。不过，小爱德最后还是在母亲怀中逝去，可能是由于她的心脏还没有发育成熟吧！一个月之内，父亲要连造两口小棺木，这是他在殉道者坟场立的第六个墓了。我在母亲的日记中读到："赏赐的是耶和华，收取的也是耶和华；耶和华的名是应当称颂的。（编者按：约伯记1:21）"

重获公民身份

由于父亲在中国首次任期延长了，变成逾期居留，又因他是个来自瑞典籍的美国公民，所以，他在返回美国时才发现已丧失了美国公民的身份。所幸他拥有美国跟瑞典两国的护照，让他在回美述职以后，还能以瑞典人的身份返回中国。然而，1926至1927年间中国发生的政治动荡，却迫使父亲和母亲离开当地，而回美国的述职期也不得不延长。在这期间，父亲决定留美五年以取回他的的公民身份。这个时候，哥哥保罗跟我先后出生了，父亲则先后到过明尼苏达州剑桥附近的韦勒播道会（Wyanett Evangelical Free Church），以及格兰茨堡以南九英里的威斯康辛州贸易河镇播道会（Trade River Evangelical Free Church）牧会。父亲七名子女中，只有我们这两个"美国制造"的小孩活了下来。

早年的贸易河镇记忆

我还记得三岁前在贸易河镇教会宿舍的生活点滴。我们的院子被篱笆围着，座落于断崖上，下面就是公路。哥哥比我年长十六个月，知道怎样打开篱笆的闸门。一天，我走得太急，闯出栏外，顿时失去平衡，从陡峭的山坡一直往下滚到公路上去。脑海中我仍能看见那铺碎石的公路，又听见哥哥呼叫双亲求救。感恩的是那天我没遭车辗过，这是因为神对我这小淘气还有其它的计划。

贸易河镇杂货店正好在我们教会外围，店里货物一应俱全：食物、衣服、鞋子、靴子、马鞍、谷物、种子、雪橇，以及林林总总的农场工具，什么都有。哥哥跟我最感兴趣的，乃是在店铺密室里的玩具。店主一对双生儿跟我们年纪相近，只有三四岁，却常常把那些玩具带到牧师住宅与教会之间的坟场去，在墓碑间穿插玩耍。现在回想起来，父母当年给我们的自由真叫我惊讶！三年后，我们离开中国返美故地重游时，就跑到那商店的密室去，那些旧玩具果然仍在那里！

航海之旅

1933 年夏天，双亲开始准备返回华北的内蒙地区。就在我们打算乘列车从圣保罗市到西雅图的前一天，当时四岁的哥哥保罗因摔倒而折断了手臂。仇敌魔鬼似乎定意要我们偏离神的路；然而，尽管保罗打着石膏模，我们仍然如期举家出发了。真的还要向神随时候命？

在西雅图港口等候登船之际，我记得曾经低头凝视墨黑的海水，并问为何不是蓝色的。哥哥很聪明地回答："等船开得离岸远一点，海水就会变蓝。"当时我三岁，他四岁。我记得船上餐桌的四围都加上高于桌面的围边，即使船闯进巨浪中，碟子也不会滑落到地上去。每张桌子都以短链扣起来，椅子则以较长的铁链扣着，以致一旦船身倾侧，桌椅都不会滑得太远。我也没忘记我随着椅子滑走而远离餐桌，食物掉到大腿上，而且晕船得很厉害。坐货轮到中国需时整整一个月。

内陆之旅

我已忘记从中国海岸驶往当时内蒙首府归化的三天内陆列车旅程，但那段踏出列车到宣教站的痛苦经历，却仍旧历历在目。那是我首次乘坐"计程牛车"，我的头不断撞向支撑着油布盖的垂直木栅，痛得哭了起来。这是我们城里传统的交通工具，只是我一直坐不惯。那些用骡、驴或牛只拉动的木头车没有安装弹簧之类的防震设备，道路又崎岖不平，遍布犁沟，下雨时积水填满凹陷的地方，车轮若辗过隐藏在积水中的大石块，木头车就会几乎整车打翻。

在中国的家与教会

在美国，房子都有院子围着。在中国，我们的住处——四合院——却绕着院子而建。相连的房间与墙壁把院子包围着，我们住在较靠近内院的单元中，有个以砖砌小路围着的小型菜园。那里有口井，我们要用吊桶和绞轮取水，跟美国这儿的愿望井有点相似，所有我们饮用的水都必须煮沸。井旁水溅到的地方，长出茂盛的绿草来——这是我们城中的新奇事物。大多数的庭院和街道都是用泥土铺压成的，人们就每天紧守岗位，用树枝束成的扫帚打扫，然后在地上洒水，让泥尘不致四处飞扬。那些庭院里的草早在饥荒时已被人连根拔起，烹成食物。洗衣的日子，我们会把洗衣机推到井旁，而因为没有电力，我们要前后拉动洗衣机旁的手动控制杆，才能推动里面的搅拌器。

差会的华人信徒同工们所住的较大院舍，跟我们在内围的房子只有一小闸之隔。这座处在外围的院舍，偶尔有难民及神学生入住。这里有座谷仓，是我们家的一头母牛、一些羊和鸡的栖身之所。我们要到街上去，也必须通过这里的大闸，看门的一家就住在大闸旁。我们的教堂位于内、外两座院舍中间，有以泥铺压的地面和粗制的长凳（聚会时，男坐一方，女坐一方），中央虽然放着大肚子的火炉，却无法抵御西伯利亚冬季的寒风，其中一堵墙上有窗户，窗扇是用米纸糊上的。

有些人因聚会人数太多，无法挤进教会去；有些人因过于害羞，不敢踏足教会，他们就会沾湿指头，轻触那些米纸，弄出一个个洞来。结果，一双又一双眼睛沿窗排成一排，他们能看进来，我们却看不见他们。渐渐地，他们终于鼓起勇气走进来了。至于那些纸窗，每周都需要更换一次。

有许多人相信福音，并接受了洗礼。记得有位进来崇拜的男士，初时脸有腊黄死灰之色，一派吸食鸦片的瘾君子模样。后来他得着荣耀的拯救，连外表都骤然改变了，因充满主的喜乐，他变得容光焕发。我称他为"那脸孔发光的人"。后来他不得不离开这地方一个季度，我们也有一阵子没看见他。他回来时，我看了他一眼就朝着父母边跑边喊："那脸孔发光的人，脸上的光彩没有了！"他的生命倒退了，再次沦落，又开始吸食鸦片。

孩子学中文

我记得刚到达宣教站时，有些中国孩子迎着我们两个小孩跑过来，讲着我听不懂的语言。那是种方言，是口音不纯正的土话，父母却懂得，所以我俩就请教父母，孩子们在说什么，又可怎样回答。后来我们把那些中国孩子邀请到我家门前，他们说完话，我们便跑进房子里，把话复述一遍，好让父母翻译并教我们回答。过不多久，我们便无需靠父母翻译，可以在玩耍时以土话沟通了。至于英语，只有跟父母交谈时我们才用。语言这回事，孩童们学得快，也忘得快。幸好哥哥跟我在 1936 年大伙儿返美后不久，便把这种不纯正的土话忘得一干二净，否则，当我在六十年后的 1996 年（也就是即将退休前夕），为预计要在美国开展华人学生工作而学习标准普通话时，势必难上加难。而在香港，我们说的是广东话。

玩耍一二事

父母跟我们解释，玩具在回国述职前的七年内不可损坏，否则无法替换，所以，每晚临睡前我们都会小心翼翼地把玩具放回搁架上。玩具中有些是合成树脂造的，很易打破，我有"大乖乖"和"小乖乖"两个洋娃娃。而那从美国购来，用柳条编制的玩具马车，就在航运中压坏了，这使我十分失落！父亲把那破车的轮子和金属框架保存下来，用刷了漆的木料造了一辆新的玩具马车，当作圣诞礼物送给我，我激动极了！它的主要用途，是被我用来往返运送我们的守门狗所生的多只小狗。

中国玩伴们最喜欢跟我们玩的，是猜石子游戏。一小群孩子会坐在我家客厅前的台阶上，扮演"领头"的小孩会面向大家，拿起一双拳头，然后逐一向其他儿童发问："石子在哪只手中？"每猜一次，他就转过身去，把石子移到另一只手中，首先猜中的孩子便可接替他。我们不需要昂贵的玩具，跟中国小朋友一起玩耍的快乐时光，我记忆犹新。

五岁时，有人从美国给我们寄来一部装有辅助轮的脚踏车。父亲把车组装好，我就急不可待要试骑。哥哥当时健康不佳，双亲要在车的两旁扶着，他才能完成首次短短的路程。轮到我了！令人吃惊的是，我在无人指导，辅助轮又提了起来的情况下，很自然地快速起步。我大叫："怎样停下来？"父亲说："往那堵墙骑过去。"我照着做，不过是以全速撞过去，终于车倒人翻。从那时起，我学会了骑脚踏车，在香港这些年来，只要可行我都会以脚踏车代步。

保安恶犬

为保安全，我们养了两头看门狗。白天它们被锁着，晚上等人们都回家休息，面向街道的大闸上了锁，我们便会把狗放了，让它们在院舍四处踱步，以吓退盗贼和私自闯入者。众所周知，那时中国有很多盗贼及劫匪，家犬因此大都被培养出凶悍的性情。有一次，父亲不在家时，其中一只狗的锁链松脱了，并跑到外围院舍去追逐那里的中国孩子。孩童们一面逃命，一面尖叫，母亲从窗子往外观望，吓得发呆，不知所措。我偷偷溜过几个房间，不让母亲看见，然后走出庭院去，毫不畏惧地向那恶犬走过去。那些看门狗并非宠物犬般温驯，只因我很爱它们的小狗，所以不怕它们。那只狗察觉我全无惧色，便乖乖地跟我回去狗屋，让我上锁。我经过客厅的窗户时，望见母亲因看着我把那恶犬带回狗屋而惊惶失色！

我们的饮食

傅思思是我们的厨师，也负责到市场为我们买食物。我们吃的是华北的主要食粮——小米（在美国，我们用小米喂饲雀鸟。）众所周知，只有华南的富人才有钱吃大米。

每天三餐，我们会吃到不同煮法的小米——小米粥、小米面条和小米面饺子。厨房里放着一大桶小米，没人看见时，我就会踢那木桶一脚，因为我恨透了天天都吃小米！但其实我们已是非常幸福，每天都有饥饿的乞丐来到我们的大闸前行乞，我们总是来者不拒。父母不会给他们钱，厨房的灶头上却常备一锅小米粥，让每个乞丐都可以有碗热腾腾的稀粥。

母亲十分注重营养。她在我家的小菜园里尽其所能地栽种各样的蔬菜，并且密封保存。父母对那些挂在市场上满布苍蝇的当地肉类没有信心，我们吃的所有肉类，都是父亲从距离城镇只有七英里的山林中狩猎而来的。他会把麋鹿、绵羊、野山羊或雉鸡带回家（这里就是中国雉鸡的原产地。）我曾哀悼过一只色彩缤纷的雄雉鸡，因为我觉得它太美了，不该死。母亲会把每次打猎得来的肉食封存起来，让大家能吃上好一阵子。父亲经常到各村庄去传道，并非天天在家，只有父亲在家的日子，我们才会有一天一顿的甜点吃，所以，他回来时我们总会热烈相迎（他从来不知原因！）甜点通常是进口的罐头水果。记得某年圣诞，父亲给我们买了一大袋当地的花生糖。另一次难以忘怀的一天，就是美国的友人寄来了一盒巧克力，我们把这些糖果搭配起来分成很多小份，吃了很久很久……

天降冰淇淋

我们记起在美国时吃过冰淇淋，于是就问母亲那是用什么做的。母亲跟我们说"糖、鸡蛋和牛奶。"那么，我们这里有头母牛，有鸡又有糖，为何不自制一点？她回答说："没有冰淇淋搅拌器啊！"然而，一天有辆装满家具的货车驶进我们的院子来，负责驾驶的是一些白人公务员。我们小孩子当然问，家具中有没有冰淇淋搅拌器。他们回答说："有，而且就放在最上方，很方便拿到。"我们把这天大喜讯告诉母亲："现在可以制冰淇淋了！"她的回复是："没冰啊！"那时正值炎炎夏日，又没有电的供应。那位同在货车上的女士问我们小孩子说："你们为什么不祈祷求些冰呢？"她当然只是在取笑我们，我们却认真地听了她的建议，走进卧室里去求。我记得自己跪在床侧，趁着冰淇淋搅拌器已在身旁，就求神赐下一些冰块，然后再回到外面，告诉大人们不久将会有冰，因为我们已经跟神谈好了！我猜想这确实令那位女公务员感到困窘。谁料那天下午的天气突然变得闷热无比，然后刮起了大风，紧接着就下起冰雹来！在那里的三年中，那是唯一一次我所知的下冰雹。那些冰雹有草莓般大小，母亲收拾了满满一桶，并一块一块地沿着那木制冰淇淋搅拌器的内壁放好，又在其上撒盐，使其温度降得更低。就只那一次，我们吃到冰淇淋，对我们两个小孩存信心的祷告，那是神直接的回应。

适应天气

父亲把从狩猎得来的动物皮毛鞣了，为我们做成保暖的冬衣。我们把带毛的那面向内翻，在冬季里就无论在室外或室内都可穿着。冬天寒气逼人，当地的孩子们多可怜，只能穿着夹垫衣服和开裆裤子到处跑，并没有尿布穿，我不知道他们究竟是怎样熬过严冬的！他们整个家几乎就是一大块升高了的砖造平台，全家人无论睡觉或吃饭都在上面进行，通道在平台旁。平台一面有扇金属门，用来放进做燃料的柴枝、干牛粪或煤炭，他们实际上整个冬天都会在这叫"炕"的砖造火炉上生活。

他们的家中没有沐浴设备，水又非常短缺，所以冬天他们不洗澡。虱子和跳蚤无处不在。父亲说："人们在家乡的差传会议上，唱诗唱到有关在彼方的百万灵魂时，我禁不住想到其它东西哩！"当地的百姓会坐在街上，嚼着夹垫衣服的缝边，尽量抓出衣服里的虱子与跳蚤。我们家里有个浴缸，逢周六晚上就会用来盆浴。每天夜里，母亲都会为我们孩子仔细检查，看看是否有虱子与跳蚤在衣服上。

难得碰上飞机飞过我们的上空，我们就会全都跑出去看看。父亲的看法是："有人说将来宣教士总会坐飞机往来，我倒认为千万不可。"问他原因，他回答说："光为弄掉身上的虱子与跳蚤，就不得不在船上逗留足足一个月，你也不想把它们带回美国吧？"

当地很少下雪，不过印象中还是有一次，我们把雪球滚成雪人，玩个不亦乐乎。那里没有暴风雪，却有从戈壁沙漠吹过来的恐怖沙尘暴，遮天蔽日，弄得遍地昏暗。我们试过用破布堵住门和窗的所有缝隙，沙粒还是给吹了进来，令屋子里每件东西都蒙上一层沙，就连我们的头发和齿缝都有沙粒藏着。

当地人大都穿着布鞋，我们穿的却是从美国蒙哥马利沃德百货公司邮购订来的鞋。首先，父亲会把脚掌印在白纸上画出脚型。接着，母亲会把自己的脚放进他刚绘好的轮廓中，再画她的。然后，哥哥和我也依葫芦画瓢。我们会把那纸样寄去，请他们按着各副纸样做尺寸合适的鞋子寄回来。他们果然办到。

非信徒之苦

童年记忆里，因异教风俗和信仰而引致的苦有两种。那时当地的中国人认为女孩子的脚掌必须从六至八岁就开始被缠起来，否则长大后必嫁不出去。每当夜里，我总听见小女孩的惨叫声，因为她们的脚趾硬被扭弯到脚掌下，然后缠得紧紧的，好使脚掌不再长大，可以穿起十分小巧的鞋子。每天黄昏熬过这么痛苦的折磨后，女孩们会痛得尖叫起来，再把脚吊挂在窗外，使得血液循环受阻，令脚掌麻木，从而舒缓痛楚。你往往不难从老远就认出在街上走动的是位妇女，因为她们是以足尖走路的，而为了保持平衡，都会伸开双臂行走。

夜里另一种声音，是妇人刚失去孩子或所爱的人而发的悲鸣。她们会用布蒙头，把面孔藏起来，宣泄压抑在胸的哀痛，因为再也无法跟所爱的人重逢了。她们的哀号划破死寂的夜空，遍传远近。非信徒会乐意这种宗教式的生活方式？我怎么也不信！

对属灵事情的印象

有关儿童聚会或主日学的事，我一点也记不起，但在我们家里，父母却十分郑重以神为中心。每晚，父亲或母亲总会替我们盖好被子，给我们讲圣经故事，然后一起祷告互道晚安。每天早上吃完早点，我们都有家庭崇拜，父亲在家时由他带领，不然就由母亲念圣经，我们跟着一起祷告。她解释说，早在我们出生以前，父亲跟她已把每名子女都奉献给神。他们向神表明，不想任何一名子女下地狱，若婴孩长大后不爱神，不跟从祂的话，那么，求神就趁他还是婴孩时把他带到天堂去，因为婴孩都会到那里。

这是切切实实的孩童奉献。母亲说他们这样祷告后,夫妇二人就不得埋怨神把先前的五个孩子带到天堂去,因为他们宁愿孩子在那里,也不愿孩子下地狱。从孩提时代我已明白,只有为神而活的生命才有价值。

那时候我们孩子难以理解,为何父母会跑到离家老远的这样一个地方来,阿姨和叔叔们既无法前来探望,就连冰淇淋也没有。双亲总是这样回答:"我们来让人认识耶稣。"我们却无法把到内蒙来的事,跟床边说的旧约故事(如:芦苇丛中的摩西、狮子坑中的但以理等等)联系起来。一天早上,早餐灵修结束,又等父亲出门去了一个村子,我们便开始向母亲查问,试图找出来内蒙和圣经的关联。她说:"你们年纪这么小……,从你们的问题看来,我想应该是时候大家知道整件事的来龙去脉了。但今早我刚好有约……,今天晚上,早些把玩具收拾好,我会把事情完完整整地告诉你们。"那天我们兴奋极了,简直急不可待。

当晚,母亲的解释我却不太满意。我记得她说,所有人都要选择,不是选择做神家里的人,就是选择魔鬼。我害怕魔鬼,可是,我想自己若选择做神的儿女,在余生便要做遵守圣经教导的乖孩子了。不行!天生顽皮的我很有自知之明,对我来说,一整天乖乖地不跟哥哥打架斗嘴,简直是难如登天,我是没可能做到。这是我有生以来第一次知道罪,那年我四岁。我从未耳闻目睹父母争吵,于是我想,大人们必定容易行得好,我这小孩就不行了。于是,我决定长大后才做神的儿女,目前嘛……不可能!然而,我竟不知道,成了神的儿女,祂就会从里面改变我。母亲把我们安顿到床上后,哥哥便问我:"你有什么决定?"我回答说:"神若要我,祂可以来找我。"就这样,我把责任推卸到神身上去。如此聪明的答案，叫我自鸣得意了好一阵子，甚至忘了问哥哥有何决定。

到草原去

父亲通常骑脚踏车或马匹穿过各城门，到市郊的村子去，后来出乎各人意料，他竟得到一辆 1929 年出厂的雪佛兰旅行车。缘起于有位美国的贵妇想在退休后到一所佛寺安度余生，为了前往目的地，她便把一辆 1929 年出厂的雪佛兰旅行车，用船横越太平洋运送过来。没多久，因为那佛寺卫生情况恶劣，不管是饮用水、沐浴设施或暖气都无法正常供应，她顿然兴致幻灭，要返回美国去。离开前，贵妇把车子以极低廉的价钱转让给父亲，因为若要运回美国去，运费实在太昂贵了。

由于全省只有两部汽车，当然就没有油站了！父亲唯有安排购买一批五加仑的大罐子汽油，经铁路从海岸运过来，然后在每次用车时，把那些汽油罐和水放在车上。城外其实没有道路，父亲驾车跑下干涸的河床或攀过山岭，而为了通行无阻，途中我们须停下车来，挪去路上的石块，又要在汽车的散热器过热时，给它加水。不过，那汽车无疑让我们更方便地把福音带到周围的村庄去。碰上车子坏了，父亲就要用牛、驴或骆驼，把它拖回城里去，然后得再想法子，自己修理。

这车让我们把供应品运送给我们在协同会（The Evangelical Alliance Mission，简称 TEAM）的宣教士友人靳思亚一家（Stuart Gunzels）。他们住在草原上，服事蒙古人（父亲服事的对象是汉人）。那些贫瘠的草原上毒蛇出没，父母教导我们，遇上蛇的时候要停下脚步，等它走开后才可再动，这方法大概不下一次救过我们的性命。

有次前往草原的行程中，我们要在山脚露营。父亲正四围勘察，想找点能吃的做晚饭时，母亲看见一只长耳大野兔。父亲的枪当时还在车上的箱子里，没有装嵌好（因为城里法例规定如此），母亲于是自己把枪装好，把野兔猎杀了，她叫父亲多么引以为傲啊！

父亲把露营的帐篷钉稳，然后在四周掘出一条浅坑，即使下起雨来，帐篷四周都能保持干爽。我们又把帐篷的帘都卷起来，只垂下防蚊网，让微风可吹进来。那夜，我在睡梦中滚进了浅坑中，醒来透过防蚊网看见月儿与繁星，又听见附近的狼在嚎叫，被吓得哭了起来，结果惊醒了全家。

在草原时，我们会住在蒙古包里。这包的作法是用驼毛毯盖着一个可拆卸便携的框架，防风效果不错。我在草原上最要好的朋友是个姓鄺（Kongker）的内蒙小女孩，我并不知道我们是怎样沟通的，因为大家言语不通。某次探访时，她看见我到来，很兴奋却不懂如何令我明白，竟然把两只指头塞进了我的鼻孔里，令我流出鼻血来！

一天，这内蒙女孩的家人没有通知我父母，便把我和哥哥带到一个露天广场去，看一场蒙古鬼魔之舞。舞者们戴上巨大的动物头面具，在人前起舞。人们战兢恐惧而坐，因为在仪式结束时，其中有一人会被选上，成为祭物。我们庆幸在那环节开始前已离开了，当然没有被选中。较年长的宣教士们警告我们一家，绝对不可前往观看鬼魔舞蹈，因为曾经有些宣教士到过那里，结果一去不返。

村庄之旅

有一次村庄之旅十分难忘。我们全家乘着父亲所驾的车子越过高低起伏的山地，我因晕车而嘀咕，父亲就向我保证只要到达下面山谷里的村子便停下来。到达后，父亲随即用防水布把车子盖上，免得村民前来弄个乱七八糟。父母分别弹奏他们的小提琴和夏威夷小吉他，全村的人都聚集在周围。哥哥是个典型的瑞典小童，有一双蓝眼睛和一头雪白的头发。那里的中国人认为蓝眼代表瞎眼，白发等同衰老，因此，哥哥的外表有助吸引到一群人前来。父亲向那些大人讲话时，我们就跑开去，跟附近的孩子玩耍。宣教士一般都会问群众，他们中间有多少人听过天堂和地狱。原来，他们全都晓得天堂这回事，但他们不敢奢望能到那里去，他们会在举行表达敬虔的仪节中烧香祭偶像，为求减轻在地狱中的惩罚。父亲告诉他们，神为众人造了天堂，并且预备了道路，让他们可到那里去。他们从未听说过这些事，于是，父亲讲述耶稣死在十架上，为我们的罪代赎，使我们罪人得与神和好。其中一人问，此刻能否把他们的先祖从地狱里救出来，送到天堂去。父亲向他解释说，这决定必须在我们仍活着的时候做。另一人又问我们知道这事多久了，"有生以来。"父亲回答说。那人追问："那么，你们为何不早点来告诉我们，好让我们的先祖也听得到？"

宣教呼声

我们在那村子住宿，吃村民的食物，睡在他们的"炕"上（也就是硬砖平台床）。早上，他们请父亲再次讲述耶稣的故事。村中一位领袖问他，我们何不就此留下来，多教一点跟这相关的东西，因为他们从未听过。可惜，父亲早预约了其它工作，行程紧密，未能逗留。他没想过，这里的村民如此热切渴望福音。不要以为外邦人愿意改变信仰，会比你的邻居来得容易，这里的村民之所以如此渴慕得着福音，乃是由于一群祷告伙伴们不住为他们祷告，求神赐下饥渴慕义的心。因此那领袖又问："若你没法留下来多教一些，那么，可否派位教师来帮助我们？"我在一旁玩耍，只见父亲神色羞愧，忧伤地说："十分抱歉，我无人可差。"看见这些人如此想听福音，却苦于没有被差的人前来宣教，我难过极了！我向神默祷，告诉祂我自知尚未是祂儿女，长大后却会是，若祂愿意，我乐意回来向中国人讲述祂的救恩。我没有跟任何人讲过此事，因为我怕父母会认为这想法是一时稚气。对我来说，这是一个五岁孩子跟神之间的严肃承诺——我永远逃脱不了这承诺的。所以我一再强调，千万不要低估神在小孩子心中的作为！

母亲回天家

我们回到原来的城市，也就是自己的家与教会那里。严冬来临，人们用尽方法取暖。1936年的复活节在3月间，那次复活节崇拜生气盎然，母亲灵感迸发地奏起夏威夷吉他，我们唱了很多圣诗。尽管教会的窗户是纸造的，那大肚子火炉加上出席的众多人们，却有助教会暖和起来。可是，母亲却着了凉，身体变得十分虚弱。周一早上起床后，她体力不支倒地，而且说不出话来，父亲扶她回床上去，尝试找个西医治疗。第二天，他终于找到宣教士医生。那个医生携着一个黑色药箱到来，并诊断说："我觉得她患的是脑膜炎，必须休息。"他亦束手无策。那个晚上，父亲跟我们小孩子一起跪在她床前祷告，乞求神治好她。后来他想到，神可能要藉着把她带回天堂来医治她，就祷告说：

"如果必须带她走，请把我们全家都带去吧！我的事奉散布各处，怎样照顾这两个小孩？"最后他说："神啊，我信靠祢！愿祢的旨意成就。"早上我们起床时，父亲对我们解释说："妈妈到耶稣那里去了！"当时我第一个念头是我曾说过的话："神若要我，祂可来找我。"我想那是因为我曾与神讨价还价，所以祂来找我，只因见我未预备好就没有带我走，反倒带走了母亲。这是我当时的想法。父亲唯有把我们留在家里，自己到街上去买些木板来造家人的第七口棺木。当地的棺木是从中空的原木凿出来的。由于这是我们直系家人的第七个坟墓了，父亲制作棺木可说是经验十足。信主的中国妇女们用黑布盖着棺木，又协助哥哥和我用彩色手工纸造成一圈一圈的纸环，以代替鲜花。城中既无殡仪馆也无花店，葬礼因此须在同日举行。殉道者坟场的地都结冰了，同工们挖掘起来都有困难。附近多位女宣教士听到消息都纷纷赶来，跟一群泪眼汪汪的信徒一同参加安葬礼。父亲在安息礼拜中证道，我们小孩子为免着凉，就坐在车上参加安葬礼。在这前一夜里，父亲已打胜了一仗，因此，这刻他能安慰那些中国信徒。

决志祷告

回到我们所住的差会院舍后，我终于醒悟，以后再也听不到母亲的声音了。父亲用瑞典文写了一封信，通知那边的家人和朋友，母亲已返回天家的消息。他不敢发电报回去，因为要亲友们先收到母亲的死讯，然后再苦等三个月，才能从以平邮寄去的信中得知她过世的详情，这对他们实在太残酷了。那天晚上，父亲问哥哥和我是否已预备好到母亲所在的地方去。我们都明白自己还没有，但由于我们要确定将来必会跟母亲再见,所以我们两人都请求耶稣赦罪,并把生命献给祂。神可以在日后纠正我们的动机。

艰难的决定

父亲明白他没法一面照顾我们,一面履行他的宣教工作。我记得在母亲离世后的第二天早上,他连帮我穿鞋子都穿错了!要带着两个小孩,父亲该怎么办?所幸数月以前,他们已计划好了。母亲早在离开美国前,已知道若自己再到内蒙去,就将不会回头——神已向她显明了!所以在离开美国以前,已跟挚友们作最后道别。然而,这事没有让她却步,她仍肯随时候命,跟从神的带领。还记得一天饭后,她跟父亲说:"我知道自己不会跟你和孩子们回美国去。我在想,如果我走了以后,你打算怎样处理孩子们。"父亲不想听到她这些话,她却说若大家商量一下,她会觉得平安些。"你想我怎样做?"父亲问。母亲说,她希望由她住在圣保罗市的姐姐照顾孩子们。因此,虽然母亲这次未及说话就猝然离世,父亲却知道应当怎样安排。

在孤儿院的日子

父亲为我们订了船票,先到日本,再从那里搭船回美国去。候船期间,当时他安排我们到邻近城市跟宣教士安德森夫妇(Philip and Matillda Anderson)暂时同住数月。他们经营一所孤儿院。我们实际上住在孤儿院隔邻,安德森夫妇的家中,不过却常跟院里的小孩玩耍。多年后,我返回内蒙探望一间教会,就碰上当时的其中一位儿时玩伴,她如今已是位八旬老妇。虽然如此，她却仍记起我们在那孤儿院共度的欢乐时光。

出发到日本

父亲带我们从中国内陆前往海岸地区，然后登上一艘到日本去的船。货轮沿途都会停站卸货。在其中一站，父亲离船到岸上去给我们买些香蕉，作为跟他的宝贝们道别的礼物。卸货完毕，鸣锣响起，提示船要起锚了。踏板已拉起，父亲却仍未登船。虽然我们明明知道船长的宿舍不得擅闯，却边跑边哭地乞求他，务必让船停住，直至父亲回来。这时我们看见父亲带着香蕉从岸上奔跑而至，才松了口气。他们放下踏板让他上船，我们终于快乐团聚。

与父惜别

在日本的最后一站，父亲向我们解释说："对不起，我不能跟你们一起回美国去，因为这里不够人手向中国人传讲耶稣。我已写下指示给船长和海员，船只抵达美国后，他们会协助你俩转乘到圣保罗市的列车。耶稣会看顾你们。"这次航海旅程为期六周。哥哥保罗当时七岁，我才刚满六岁，而且之前好一阵子，哥哥就一直身体不适。有一次他问父母："天堂有苍蝇么？"父母向他保证没有，他就说："噢！那就好了！我没劲把缠在我脸上的苍蝇赶走。"他就是如此虚弱。父亲认为，自己恐怕再没机会跟保罗重逢了。也许，在他把我们孩子送回美国去，而自己继续留在华北工作这决定中，最艰难之处莫过于此。父亲为了随时被神使用，依从祂的引导，付上了如此沉重的代价。那次惜别，他紧抓着启示录 21 章 1 节的话："海也不再有了。"因为海要把他跟孩子们分隔开！

父亲爱我们，我心里明白，他留下来，就只让我更清楚知道，向中国人传讲耶稣有多迫切。我跟自己说："爸爸，你现在还不知道，有一天，我会回来帮助你。"这番自言自语，也成了神呼召我做宣教士的一部份。货运船停泊在日本海港卸货期间，父亲就留在船上陪了我们几天。在帮助我们了解过船上的日常运作后，他就把船上对小孩安全有威胁的地方指给我们看，例如因甲板的围栏上没防护网，船身一旦倾侧，我们便很容易掉进海里。他又教我们每当听到餐铃声响起，怎样到食堂去。我们住宿的小小客舱里有张双层床，令保罗宽心的是他枕旁的墙上挂着盏长明灯，而我的安慰则来自那帮助我爬到上层床的小梯子。在最后一夜，也是我们得独自度过的首个晚上，父亲要离船到岸上住宿，因为第二天凌晨四时，船就要出发了。由于大雾，起航的时间未定，这稍稍减轻了分离的伤感。第二天早晨，我们也许可再见到父亲哩！预警浓雾的响号彻夜不停，然而，到了凌晨四时，船就起航驶出公海了。四时之后，我依旧难眠。

到美国的航程

不久，船上的人都知道我们这两个小孩没有成人同行。神的护佑却证明耶稣确实看顾我们。在行程中，有位单身女宣教士"苏茜阿姨"听到有关我们的事，就把我们接到她的客舱去，并在剩下的航程中照顾我们横渡太平洋。登岸以后，她又带我们转乘列车，而且陪伴我们直到圣保罗市姨母的家。抵达后，我们得到朋友们以及前来接车的记者们的盛情欢迎。他们给我们送上数目多得令人目不暇接的礼物——新玩具！这一切叫我们一时之间应接不暇。晓曼·史云生（Hilma Swanson）姨母十分聪明，会把大部份玩具都藏起来，然后定时轮流替换，免得我们不知所措。

我们两个小孩独自横渡海洋的经历，成了全美的头条新闻。后来，有些朋友把载着这段故事及我们照片的剪报寄给我们，只是记者们没能报导，耶稣是怎样藉着苏茜阿姨看顾了我们。

在晓曼姨母家中的两载

在明尼苏达的圣保罗市，我们在晓曼姨母家中度过了两年充满爱心照管的日子。由于我已失去家庭，没有父母在旁，所以姨母坐在安乐椅上，肯让我坐在她的大腿上，摇着椅，唱圣诗给我听，这对我意义非凡——我深感被爱。虽然当时姨母还没正式公开信主，却会边做家务，边用自己的美妙歌喉整天在唱圣诗。

说到姨母仁慈，其中一个例子，是跟我们人生中吃到的首个冰淇淋甜筒有关（那是草莓和巧克力口味的）。那天很热，我们因参加一个宴会都盛装打扮起来。冰淇淋筒是圆锥形的，哥哥就教我咬开底部吸吮。虽然这办法很聪明，可是，我们却没赶上冰淇淋溶化的速度，结果弄得满衣服都是。姨母走出来接我们时，半句责备的话都没有，只有宽恕。她带我们进房子里弄干净，又替我们重新打扮。这事情常常令我想起约翰一书1章9节，论到神是信实的，是公义的，不但赦免我们的罪，也洗净我们一切的不义。这两件事晓曼姨母都做到了。

我那七岁的哥哥还有其它聪明的观察,比如双亲为何不想让我们多照镜子。哥哥认为,那是怕镜子会因而损耗。有一天,他告诉我他想通了怎样飞翔,说:"我还没有试过,但我知道这样会成功。你一跃跳到空中,在掉下来以前多跃一步,再一步,又一步……很快,你就在飞翔了。"竟然被他先想到这个道理,我很不甘心。我走到屋后去尝试,却难以相信自己下坠得那么快,而且无论如何都跃不出第二步来(在梦中这可是非常顺利哩)。我告诉哥哥这方法无效时,他垂头丧气地回答说:"嗯!我知道,我也试过。"那试飞的方法不行,正像人想以自己的善行和宗教礼仪去接近神,同样行不通!

晓曼姨母的丈夫约翰,是个心地善良的面包师傅,我们也爱上他们的狗儿亚宝。施氏有辆 A 型号的福特汽车,姨丈要搅动曲柄来发动的。他会载我们到明尼苏达州北部(哥斯特)我们外祖父母的家里。母亲在那儿的哥斯特播道会(Kost Evangelical Free Church)长大。

姨母家三个街口以外,就是圣保罗市平恩大道播道会(The St. Paul Payne Avenue Evangelical Free Church)。晓曼姨母自己不上教会的,却每主日都吩咐我们走过去参加主日学。我被主日学老师桃乐茜·史云生(Dorothy Swanson)所讲述的使徒保罗海难故事深深吸引,大概是因为我们不久之前也从海上归来吧。

我还记得第一天在那偌大的圣保罗市公立小学上课的情景。我预计自己上完当天的课即学会看书,于是迫不及待要看。回家途经该区图书馆时,我借了一本三年级的书。那天黄昏,我趴在厨房的地板上,坚持把整本书中每个字的字母都串一遍。姨母一面做晚饭，一面耐心地把我串出来的每个字都念给我听。她的耐性及我的毅力，现在回想起来还是叫我惊讶！我们比一般小学生稍迟入学，不过跟晓曼姨母同住的两年间，我们却顺利完成了一至三年级的课程。

哥哥跟我都在无意间发现，自己玩耍时很自然会用中文交谈。人们听见后都会停下来，惊奇地瞪着我们。我们于是决定不再彼此说中文，两年后，父亲返回美国时，我们已把中文全部忘掉。那个时候，我们就像其他美国小孩一样，觉得父亲的中文发音很古怪。

父亲与抗日战争

父亲一直留在华北，直至1938年返国述职之日。那两年间，抗日战争爆发了。圣保罗市的报纸报道，父亲在华北失踪了，因此推断他已殉难。（原来那时他正到山林间狩猎。）这个不实报道伤透了我们的心。日本的入侵针对的是中国，美国尚未成为目标。不过，有几次日本士兵却仍差点取了父亲的性命，神奇妙地保护了他！然而，那两年中国却出现灵魂大丰收，父亲和宣教站，更成功地被使用，拯救了很多难民的性命，其中不少也因信福音生命得着改变。

父亲返美和我们团聚以前，跟一位在内蒙服事、隶属救世军差会、讲瑞典语的芬兰女宣教士结了婚。我们又能一家团聚，有个家了。继母懂的英文不多，她是从她了解的英文课本上学中文。回美国以后，我们在家中就常常听见瑞典话。

到中国的门关了

抗日战争结束，中华人民共和国成立以后，父亲再没机会返回华北的内蒙地区了。四十多年间，我们在美国没有听到丁点儿有关华北的消息。父亲渴望知道当地教会遍历战乱与逼迫，是否仍站立得住。我连想也没想过，自1936年离开内蒙以来，竟然要经过四十六个年头，才能回到内蒙老家去，探望那群我孩提时就离别了的信徒。我想知道，父母服事所结的"果子"，是否仍有存留？他们的牺牲是否值得？他们的事工有没有留下什么？直至1982年我初次重返内蒙以前，一直没有这方面消息。如今见到的境况实在叫人感到惊喜，若父母半世纪前能看见自己劳苦的"果效"就好了！我发现，那里的属灵大丰收是人无法想像的。这些属灵果子，是那些不计代价、持久向神随时候命的人所结出来的。这个我们有机会再说。

神所应许的又得到证明了，祂的话必不徒然收回。我们的神极其伟大，祂行奇事远超想象。唯独祂是神！

棚树叶

宣教士棚氏

迎娶爱雯——1918

迎娶倪小曼——1925

迎娶贝花——1937

宣教士代祷卡

幼童时期的德理

保罗与德理

1929 年款雪佛兰旅行车

蒙古包

靳氏伉俪与栩氏一家

1935 年与内蒙宣教士团队

殉道者坟场

倪小曼的安葬礼

From Our Mission Fields
"Lift up your eyes and behold the fields"

GREETING FROM NORTH CHINA

Dear friends:

First accept our heartfelt thanks for the good and interesting *Beacon* which so regularly pays us refreshing visits.

Many of our friends at home wonder how we are doing out here. Let us then first say that God's grace is upholding and blessing us in body, soul, and spirit. We are all well and placed in the midst of multitudes who need the Gospel.

We have seen a number of souls begin to seek the Lord for salvation this year, both here in Kweihwa and at the outposts where we carry on work. Nearly 20 have thus far been baptized this year and others are waiting to take the same step. One thing for which you should praise God with us is, that we have no difficulty in reaching crowds of unconverted souls as is so often the cause for complaint in our homelands. Here they are all around us and constitute the major part in our services.

This summer we have labored together with some native evangelists in a big Gospel tent donated about ten years ago by Brother Albin Anderson, Minneapolis, and thousands have here again and again heard the blessed invitation. It has been much joy to see souls beginning to get interested, then serious, and finally raise a trembling hand heavenward as indication of accepting Christ. Some forty souls have thus decided to follow Jesus.

During our vacation at Pailingmiao, Mongolia, we were privileged to see the good work carried on among the sin-sick Mongols by the lone missionary there, Stuart J. Gunzel of the Scand. Alliance Mission. We also saw with horror the annual devil dance at the great lama-temple there, when priests were masked like demons, wearing the heads of horses, oxen, pigs, alligators, reindeer, dead skulls, etc., and danced before thousands of ultra-superstitious people while pipers produced weird music in extremely long, old-fashioned horns. According to the teaching of lamaism, all souls before their transmigration takes place must spend 100 days in hell where demons of this kind will be met. But having seen them before coming there, the worst edge of their fears is supposed to be taken away, so it is a kind of comfort given in advance. Many women shrieked and fainted and had to be carried out.

At this place I saw Teh Wang, the leading Prince of Mongolia. I also had the privilege of giving my testimony to a number of young Mongol officials who understand Chinese.

Mrs. Ekblad has not been able to go out so much in the direct mission work as the children have not been so well. And now when their health is greatly improved our help-woman died while we were on vacation. She has been won to the Lord, and we have hopes of seeing her again in a better land. But to find another so faithful woman to look after our children while Mrs. Ekblad goes out calling is not easy. But we look to the Lord for His guidance in this as well as other things. Without Him we can do nothing. But on the other hand—"I can do all things through Christ which strengtheneth me" (Phil. 4:13).

Hearty greetings to friends in America and missionaries in the other heathen fields. Remember us in your prayers, please!

— Hjalmar Ekblad.

Kweihwa, Suiyuan, N. China, August 16, 1935.

Bereft of Mother in China, Children Will Live Here

Doris and Paul Ekblad, Who Left St. Paul With Parents in 1934 for Far East Mission Station, Sent Back to Make Home With Aunt.

Two motherless Minnesota children were nearing today the end of a 7,000-mile journey they have made alone from China to St. Paul.

Seven-year-old Doris Ekblad and her brother, Paul, 6, will get here at 7:45 A. M. Thursday to live with an aunt, Mrs. John Swanson, 747 East Jessamine street.

The youngsters arrived Monday in San Francisco from Shanghai, which they left June 30 on the steamship General Lee. They traveled under watchful eyes of ship and railroad officials.

Children of Rev. Hjalmer Ekblad, a Minnesota missionary in Kweisui, Suiyuan province, China, the youngsters lost their mother in March. She died in Kweisui, a town near the Mongolian border, after a long illness. The father decided he could not care adequately for Doris and Paul, and Mrs. Swanson offered to mother them.

"I'll have to start raising a family again," said Mrs. Swanson. "My own family, a daughter and two boys, are grown up now. But, I'm glad to have Doris and Paul."

Both the Ekbald children were born in Minnesota. They left St. Paul in August, 1934, for China. Rev. Mr. Ekbald previously had been a missionary there.

MOTHERLESS PAIR RETURN

DORIS AND PAUL EKBLAD.

保罗与德理横渡太平洋回美的新闻简报

第 2 章

非正统起点

（以第二次在圣约退休村的主日晚堂讲道笔记为蓝本）

诗篇 57:7 下-8，10-11

> 7　我要唱诗，我要歌颂！
> 8　我的灵啊，你当醒起！琴瑟啊，你们当醒起！我自己要极早醒起！
>
> 10　因为，祢的慈爱高及诸天；祢的诚实达到穹苍。
> 11　神啊，愿祢崇高过于诸天！愿祢的荣耀高过全地！

能在列国中赞美我主，一直叫我感到极其荣幸，我多渴望在全地上看见祂的荣耀！

人人背后都有个故事，对于那些跟我们的经历迥异的人生故事，我们兴趣特别浓厚。所以，我也会珍惜机会，聆听各位的人生故事，想必跟我的大相径庭。我尤其想听听神在各位生命中的作为，祂怎样带领你们认识祂，并叫你们因祂的大爱和信实，唱诗、奏乐赞美祂。其实，宣教工作是从神在人心里动工时就萌芽——这通常远比人出发到宣教工场早。因此，我会补充一下自己正式成为宣教士以前，一些早年岁月的经历——它们对我的人生观和世界观都影响甚深。

威斯康辛州的贸易河

1938 年，父亲带着继母从华北回美国跟我们团聚时，我们全家就迁离圣保罗市，搬到那里以北约七十五英里的地方去，刚刚踏进了威斯康辛州境内。明尼苏达跟威斯康辛两州之间有圣克罗伊河（St. Croix River）分隔，而从我家至河旁，中间就是连绵一片、占地十三英里的短叶松树林。我们住在威斯康辛州（不属州政府管辖范围）贸易河镇一所狭小的两居室独立房子中，在格兰茨堡以南约十英里。（看看地图，你会发现那儿有点天涯海角的味道，方圆一带没有城镇，只有原始、美丽的野生动物藏身之所。）1933 年，父亲到华北以前曾在威斯康辛州的贸易河镇牧会，而在 1938 年往后的日子里，我们一家就一直住在那里。

哥哥和我在那狭小的两居室屋子里（屋外还有间独立小茅厕）跟继母住了一年。期间，父亲代表差会到处出差。那年我九岁，生活上要适应的事情多不胜数。对我们孩子来说，要跟一位正值更年期又经常哭泣的继母相处，实在颇难适应。继母是瑞典裔的芬兰人，之前从未到过美国，又几乎完全不懂怎样照顾两个淘气又好动的小孩，还满口不流利的英语（她来美之前是被迫学习英文，是为了通过英文课本来学习中文）。那一年，大家都好不容易捱过，后来情况就渐渐改善。

枫树岭的两载

由于中国先遭日本占领，后又政权易手，父亲实在无法回到华北，于是有人邀请他在双子城（Twin Cities）牧会。但长久以来，父亲都很想服事那些乡郊中因财务紧张而挣扎求存的小教会。那时，经济萧条仍然持续，父亲认为他既然曾在资源贫乏的宣教工场生活过，大抵可以在大部份美国人都无法生活的处境中活下来，希望这样能帮助一些小教会免于关门。

父亲接受呼召和挑战，在明尼苏达州境内的枫树岭（就在贸易河镇的对岸）一间小型播道会事奉。那教会每月只能给牧师二十五美元薪酬。我们的宿舍只有煤油灯，没有电力供应，我们用柴火取暖和煮饭，若要"自来水"就得先跑到抽水机那儿去抽。农户们不时会给我们马铃薯、鸡蛋、牛油，及其它农产品作补助。父亲饲养了一些小火鸡和几只山羊，我就负责挤羊奶。我们有个大后园，继母把其中很多出产都密封罐装起来。我们没有挨过饿，我也从未认为我们是穷人，虽然回想起来，在那里度过的头个冬天，我每天穿着的就只有一条二手衬裙和一件毛衣，但我却满足了。我认同父母的世界观，把资源紧张的生活看作既刺激又富有创意的挑战。多年以后，这种世界观在我的宣教生涯中深具意义。老实说，回顾起来，我实在还很留恋那两年，当父亲在那爱心充溢的枫树岭乡村教会服事时，我们那种犹如拓荒者般的生活。

因为教会会堂里有电力供应，继母就把衣服带到那儿烫，我也跟着她去。她烫衣服时，我就拍打讲台来练习讲道，那年我约十岁。

住在枫树岭的两年间，只要教会有聚会，我们孩子就会跟父母一起参加，而父亲传讲的信息深印在我的灵命中。每次主日崇拜后，我都巴不得立刻回家，三扒两拨地吃过饭，就拿起夏威夷吉他往谷仓后面跑，那里有堆气味宜人的新鲜燕麦秆。整个下午，我就倚着那堆干草而坐，以夏威夷吉他伴奏，唱起福音诗歌来，直到主的喜乐充满我，并化成泪水流下脸颊。除了神以外，没有人曾看见或听见那孩子怎样在麦秆堆旁经历神。

北方学校

由于在过去多次经历背井离乡的搬家，所以我在这新学校里半点都不愉快。不过，对于我的灵命成长，这儿却意义重大。在枫树岭第一年，保罗和我到了"北校"上课。这是一所由两个房间组成的村校，八个年级的所有学生都一同在里面上课，而我们的课室是五至八年级的。哥哥虽然比我大一岁半，我们却同是五年级生。

我们的老师约翰逊小姐为了令学习变得有趣，会请一位同学做"傻瓜"，站在所有同学面前，接着，她就鼓励余下的五至六位同学连珠炮似地发问数学题，这会叫那"傻瓜"慌张得无法回应。全课室的同学都觉得这游戏很有趣，除了那个当"傻瓜"的！而全课室中年纪最小、最易受攻击的就是我，是老师眼中那"傻瓜"的不二之选，我天天都这样受袭。今天，我们会称这为"虐待"，然而，神最后把这些化为给我的福分。

那位老师每天都毫不留情地挑剔我，并成功地叫我和其他所有学生都认定，我的智商低于正常水平。那个本来足以拦阻我去宣教工场的自我形象问题，后来确实花了我好些年才能克服。

为了逃避痛苦的现实，我躲进故事世界里，把学校那小小图书馆的书籍几乎全"吞进肚子去"。可是，要为课堂规定的十本书籍写报告，我却无法专注其中。有几本我完成了报告的，约翰逊小姐却说她丢失了，要我重做。早晨上学前，我不时会大哭。

我另一逃避痛苦虐待的方法，就是做白日梦，幻想一些较惬意的东西。我的思想会从读过的故事飘移到我家的农场，或是我所爱的动物身上去——山羊呀、火鸡呀、猫儿呀，或其他动物，还有在农场上可以发生的无尽奇遇。

但做白日梦是有代价的。一天里好几次，约翰逊小姐都会当着全课室的同学宣布："德理，干点正经事，不要再做白日梦了！"她又经常要我"留堂"，以补回做白日梦浪费了的时间。于是，放学时我要独自一人走三英里路回家。冬天时，未抵家门天已黑了，感恩的是，神的同在帮助我熬过来。在孤独的回家路上，我喜欢边走路边唱一些我背诵了的福音诗歌。在那些路程中，我感到神跟我很近，这成为我一天中最精彩的时光。有时我会走捷径，取道一个喂牛的草场，那里面有只公牛。记得有次为了要躲避它，我就跑进一个树洞里，藏身其中，直至它走开为止。我祷告，神就保护我，并化这些"虐待"为福分。走那遥遥长路时，圣诗的歌词就在我幼稚的心灵里动工，喜乐的眼泪夺眶而出，泉涌般流下那十岁孩子的脸颊。就是小孩也能经历神的同在！

多年以后，我从香港回家述职时，有人把约翰逊小姐的电话号码给我，我也跟她联系上了。她那时已年老衰弱，却仍然记得我。她问我在做什么，我轻描淡写地回答，自己多年来一直在东方给大学程度的学生教英文、希腊文和希伯来文，而且用中文来教，这全是神的恩典，祂连"傻瓜"都能用！（不过我到现在仍背不了乘法表。）

南方学校

住在明尼苏达州枫树岭的第二年,我们转到另一所小学上课。无疑当年的经验跟你们的颇有不同。这是一所只有一个课室的村校,由一位老师负责教授全部八个年级的学生,但并非每个年级都有学生。那所学校对哥哥和我无比欢迎,因为我们令全校学生人数增至十位——如果不够十人,学校就会被迫跟另一所学校合并。我们的老师韦莱德小姐是一位仁慈又非常懂得鼓励人的教师。

冬季一个寒冷的周一早上,学校一开始上课,雪就下起来。大雪下了一整天,要在下课后走一英里半路回家,对我们来说太危险了。于是,我们打消了回家的念头。这时候,住在公路对面的农夫正走过来接他那就读二年级的女儿放学。全校同学穿上了御寒衣物,手牵手跟着他,韦莱德小姐殿后,穿过迷茫雪地走到他的农舍去。全校在那儿躲藏了三天直至风雪过去,而所有电话线都失灵了,我们也因此无法联系父母。

周三下午,我们尝试回家去,因为雪停了,天渐放晴,风也把学校门前公路上的障碍物全扫走。我们朝着回家的方向右转,看见那条穿过山峦起伏不平的路径竟被风雪铺盖得跟山峦一样高。我们在软雪上边走边下坠,直至腋窝以下都埋在雪中。在如此深厚的积雪中行走,实在是非常费力。身体一向虚弱的保罗想停下来歇一会,但我怕他会就此睡着,永远回不了家。

就在那时,有个男人滑着雪橇经过,看出我们的困境。当时我们仍有超过一英里路要走,而那人的农场就在附近,身体强壮的他,知道自己不用雪橇也能回到家中,于是就把雪橇借给我们。我们其中一人先滑行一小段路，然后把雪橇滑行回去给对方使用，我们就这样轮流滑雪，直到抵达家门。那人真的救了我们的命！我们入夜才安全到家，叫父母舒一口气。到家后我把我那被冰雪冷坏了的双脚浸在冷水里。神救回了我们的命，我们顶多就是得了冻疮。雪下了两星期，之后，铲雪车出动清理道路，让学校可重新开课。

我们的动物农庄

我们住在枫树岭的时候，有一天父亲多买了只母山羊回来，我们叫它"小芬"。由于我们原有的山羊对它极不友善，它就跟着地主的牛群从草场走到树林去。它遭到排挤，叫我同情。挤羊奶时，我就到处去找它。我走到那树林里去，并呼唤小芬的名字，它却已跟牛群走进树林深处，没法听见。我突然发觉已经日落西山，夜幕转瞬低垂，我离家那么远，无法赶在天黑以前回家了，于是开始寻找可度过夏夜的地方。直至那时，我都只在为小芬难过，同时也照着从哥哥那些童子军书册上所读到的指引，冷静镇定地选了个铺满厚厚的白松针叶、可睡下之处。不过，在听到远处传来父亲呼唤我的声音时，我就朝着他边跑边哭，又嘶声力竭地尖叫："爹——地！"说到底，我实在并非那么勇敢。

我们曾经有只很惹人讨厌的公山羊，有人把它借了去跟他们的母山羊配种，后来却因为忍无可忍，把它归还，并说那公山羊跳到他们的车子上去，用蹄踢穿了车顶的帆布！还有，当农夫的妻子把衣服晾满一绳后，那只公山羊又几乎把每条男装长内裤都咬上一个洞。过不久，我们也不要它了。除此以外，我还是挺喜欢家里的动物，每个早晨和傍晚都是由我负责给母山羊挤奶。在明尼苏达州枫树岭的日子，我们的家庭、学校和教会生活就是如此。

火鸡讲章

回忆中有两个关于火鸡的故事，值得跟大家分享。第一个发生在我们住在明尼苏达州枫树岭的那两年间。那时，我们养了几只火鸡，其中一只母火鸡成功孵出二十三只小火鸡。它是好母亲，照顾幼雏无微不至，教吃教喝之余，又领孩子们到各青葱草地觅食。

当小火鸡只有数周大的时候，一天，我们发现母火鸡头上的肉冠在转黑，这意味着它得了"黑头病"——一种会传染的不治之症。因此，它必须跟孩子并其它火鸡分隔，否则整群都会死掉。我们把那母火鸡隔离，放在羊舍的一个角落，并横放几条黑松枝拦着。那个黄昏，小火鸡们齐集在羊舍外，因为挂念母亲而苦苦哀鸣。小火鸡们怎么办？那个夜里，它们可安睡于谁的翅膀下？我们能做什么去安慰、保护它们？

叫人惊讶的是，火鸡爷爷虽然身体很重，却竟能攀过羊舍的门槛，朝着母火鸡走去。它把头塞进那些横放的杆子之间，好像在跟病患中的母火鸡沟通，从它那儿取得指示。然后，火鸡爷爷回到小火鸡那里去，像母火鸡从前一样，对着它们咯咯叫，并张开大大的双翼给小火鸡们作庇护，小火鸡们就在它身上爬上爬下的。

早上，火鸡爷爷再次使用九牛二虎之力攀越羊舍的高门槛，向母火鸡简单汇报小火鸡的情况，之后领着小火鸡们外出觅食一天。二十三只小火鸡全跟着它穿过苜蓿田，又越过收割之后遍布草蜢的燕麦田，黄昏再走过牧牛草场——那里短草处处好作饭后甜点，然后才回家。它再次向火鸡妈妈汇报情况，又庇护小火鸡们如同己出。这样持续了好几天，直至火鸡爷爷发现母火鸡躺在羊舍中死了。从那时起，它就独力抚养那群小火鸡直到长大，尽心照顾得可以跟任何母火鸡媲美。对于我们的神怎样爱护、照顾我们，这故事说明了什么？神竟可藉着一只火鸡的例子，说明祂对我们真挚的关爱！"主翅膀下，我灵安居，平安居住，直到永远。"

另一则火鸡故事就不那么优美。我们移居到威斯康辛州贸易河镇的农庄后，会在早春时分向孵化场订购几百只小火鸡。每只小火鸡都要学会喝水及吞吃磨碎的饲料，照顾它们很费工夫。待它们稍长大，就会被关在一个长满青草的地方，草吃光了，又会被迁往另一新围上篱笆的青草处。要把整群火鸡从老位置移至新住处，我们要全家动员来包围、引导它们。临近感恩节，它们夜里会恶梦连连，然后发出可怖惨淡的啼声，搅扰得全棚同伴四处乱飞。有些村民很高兴在感恩节期间有长成的火鸡降落在他们的后院，我们却要搜捕、包围它们，把它们赶回家去。其中一只火鸡尤其淘气，常想背离我们所指导的方向，并引来其它同伴跟随。我学会了在火鸡群中把它辨识出来，又看到它屡屡重蹈覆辙。它这样做，会给其它火鸡立下坏榜样，又会浪费我们领它们到新草栏的工夫。

一天，它又故技重施好几次，我可光火了，在赶逐它回去时踢了它一脚，它就这样跛了。我很想哭，我的怒气竟然使这可怜、愚笨、无助的家伙受伤，我难过极了！它以后不会再跑得快，也不会再带领其它同伴走迷了。但我伤害了它，十分羞愧，也不想家人看到它的跛脚，免得他们责问我。因它走路会痛，我看着又过意不去，所以那天我就整天抱着它。每当火鸡要搬家时，我就抱它走。它很喜欢被抱受宠，所以会主动前来要我抱，并成了我们的"温驯母火鸡"，只有我才知道它为何如此驯服。虽然它的跛脚不久就复原，它却常常提醒着我那有待改善的脾气。

神藉着那火鸡向我说话——明明晓得神要我往哪里走，却硬要背离，走自己的叛逆之路，这一定会带来痛苦的后果！我不想做一只反叛固执的火鸡。不过，我却知道我有位慈爱的天父，在我一意孤行，承受苦果的时候，祂会抱起我、安慰我、照顾我。

务农的挑战

务农一直是父亲的梦想。"如果我有个农庄，就能维持生计，又可以帮助其他像这样的小教会。"一位跟父亲相识，住在威斯康辛州格兰茨堡的银行家联系他，"我们手上的破产农庄多得很，不知怎样处理才好。我给你开个条件，只要你签了这合约，贸易河镇这里的八十英亩地就是你的。我们知道你的为人，相信你有钱时便会还款！"

就这样，我们便搬进了威斯康辛州贸易河镇的这农庄。此地之前虽然由一经验丰富的农夫拥有，可惜他还是破产了。父亲当年五十岁，全无农耕经验，他一生未种过地，也欠缺务农工具。我家周围一带的农场都有黏性土壤，但我们的却是沙土，所以十分依赖天下雨。农场毗邻小家湖（Little Homes Lake），由于贸易河流经这里，总给湖里补充鱼儿。一位农夫邻居曾奚落父亲说："是哟，你有座沙丘，旁边还有个泥洞！"父亲喜爱垂钓，竟能从那小小的

"泥洞"中钓到很多鱼。后来，他竟又藉着那"沙丘"支持了好几个宣教项目。

"恩典农庄"

父亲胆量可真不小，把我们那占地八十英亩、包含部分沼泽和部分湖泊、而且山丘处处的农场命名为"恩典农庄"。房子屹立已逾七十载，以每条直径为十至十二英寸的巨型圆木建成。圆木之间用木栓相扣，但并非装嵌得很紧密，光与风均可从圆木之间进来。虽然房顶有渗漏，但凭着信，我们称它为"恩典农庄"。

事实上，当我们从明尼苏达州把仅有的家当用货车运到"恩典农庄"时，父亲就先请货车司机暂缓卸货。"我们首先要把这农场奉献给神，要为宣教务农。神若赐福，我们将尽快把房顶修好，那就毋须从教会回到家里来时，四处放盆子收集漏水了。我们不会购买华而不实的家具。"我们的家具都只是来自旧家具减价摊或拍卖场。父亲说："我希望全家都有共识，一起为宣教务农。"父亲为献上农庄祷告后，货车司机才可以卸货，那是父亲优先考虑的事情。为房子隔热方面，父亲采用了中国人的方法，用柔软、新鲜的牛粪来填满圆木间的空隙。我反对说："爸爸，那会臭死！""不会的。"他说："这是我从中国人那里学来的，牛粪干了以后就不会臭，而且隔热效果超棒。"他说得对，这方法令房子冬暖夏凉。我们给内墙铺设了木板和色彩缤纷的墙纸，所以没有人知晓这温馨之家的"秘密"。父亲又给外面加上壁板。最后房顶也补好了，就连我们的古董家具也变得有价值！这名副其实是个恩典农庄。

百倍的回报

　　父亲一面耕作，一面继续牧养枫树岭播道会，直至那教会最终付得起薪酬聘请一位全职传道人。父亲的农务加上神的赐福，让那所小小的乡村教会不但生存下来，而且一直增长，后来更需全盘改建，加建了一个完整的地下室并其它设施。枫树岭教会在圣克罗伊河对面，以直线计算，离我们的农庄只有四十英里，若沿公路来回则远多了。夏季时，那艘船身小、备有马达和桨轮的渡河小轮，每次可载一辆汽车，以半小时横渡圣克罗伊河。冬季时河会结冰。有几次，冰结得还薄，父亲竟然大着胆子踏车子油门渡河。车子一路辗过河面，薄冰就在后头发出如雷贯耳的破裂声！见到他安全归家，我们才能松一口气。尤其主日晚堂崇拜后他要天黑才回来，见了他出现我们方能释然。父亲当时并不知道，那所因他救助而没有关闭的小小乡村教会，日后竟参与支持他女儿到宣教工场长达四十四年之久！像传道书11章1节所说："当将你的粮食撒在水面，因为日久必能得着（百倍的回报）"。

"天使牛"

　　最初搬到农庄时，父亲的钱仅够买下一头母牛，而它首胎生下的是头小公牛。邻居们教父亲，若要从小公牛身上获取最丰厚的利润，就应让小牛于六周内尽量吸取母牛的乳汁，然后把它作小牛肉卖掉。父亲言听计从，我们自己便喝脱脂奶粉。因此，当身在芝加哥的姑母、叔父和婶婶打算到我家农庄小住一周时，父亲叹息道："我真希望有钱买新鲜牛奶给客人喝，他们都是家境富裕的城市人，不会明白为何我们要喝脱脂奶粉。"

客人抵达那天，我们的草场上来了头根西种乳牛（编者按：一种通常用作挤牛奶的牛，以乳汁香浓驰名）。我们致电远近邻居，但没有一家养根西种乳牛，也不知道谁家有。那头牛可能穿过公路远道而来，那么相信必有多人看见。它也可能越过多重篱笆，又走过不少田野，最后来到我们的草场，但我们检查过篱笆，却又没有异样。它到底从哪里来？这真是个谜！黄昏在即，那牛因涨奶不适，于是，我一连七天的每个早上和傍晚都给它挤牛奶。就在客人离开那天，那牛便不知所踪了。直到今天，它从哪里来，往哪里去，我们仍然摸不着头脑。这头"天使牛"实在是天父奇妙的供应！一次又一次，我看见神高深莫测的作为，学习到祂是可信可靠的，这可是具体而实际的宣教训练。

恩典倍添

父亲不谙农务，农夫邻居们就热心指导。假若有农夫提供马匹和工具帮了父亲一天忙，他就会替那人工作三天作交换。由于父亲要等其他农夫先完成了他们自己的工作，然后才有空过来帮他的忙，所以他无力控制我家农场的农活何时做好。那时还没有压扁机协助麦草加速干透，因此父亲把草割下来后，我们需要至少三个低湿度无雨的晴天把草晒干，然后才可把麦草收起。否则，雨水会冲走麦草的色泽、味道、维生素和价值。邻居的农夫们得先收起自己的麦草，之后才有时间来帮父亲忙。我不止一次看着黑云蔽日，父亲的麦草却刚好干透可以收起。稍大的雨点开始落下时，父亲就会放声说："好吧，主啊，那就少点宣教经费啰！"就在那一刻，雨停住了！邻居们也留意到此事，因此小区中就出了句家喻户晓的话："留意栩家何时割草，你就要跟着割。神不会让雨淋湿他的麦草啊！"这是神赐的福，我们为宣教务农，神就赐福。我还看见很多这样的事情。

记得有一次，我们收割了整整七英亩的燕麦田，正准备把燕麦堆起来免得被雨淋湿之际，黑云席卷而至。父亲跟我们于是速速行动，要赶在大雨前把燕麦堆好。就在堆好最后一捆之际，大雨便倾盆而下。我们急忙跑去找寻避雨的地方，父亲却跪在田里，衷心感谢神。那些是我在成长路上观察到的做事优先次序，是我宣教的初阶课。

麦草堆中失指环

在处理麦草的季节里，我们全家总动员，用集草叉把麦草抛到由一辆福特费格逊拖拉机拉动的干草架子上，之后父亲就会把麦草堆叠好，让雨水流走。有一年冬天，麦草比平常多，父亲于是把其中一架子卖给附近一位农夫彼得逊先生（Conley Peterson）。父亲与他携手，把一捆又一捆的干草抛进他的麦草架子上，然后由他拖回家。

麦草堆差不多清完后，彼得逊先生发现他的结婚指环不翼而飞！在麦堆中怎可能找到指环？草堆四周的地面更铺满四英寸厚刚下的雪。父亲说："结婚指环意义重大，我相信神会愿意我们找到它的。"于是，两位农夫手里拿着集草叉，低头祷告，求神帮助他们寻找那指环。

就在那时，继母从房子里出来呼唤："有人打电话找你！"父亲于是跑回房子里去。那是明媚、晴朗的一天，父亲在回到干草库路上，在周边视力有限的范围中瞥见积雪中有一缕阳光的反射，位置离干草堆没多远，结婚指环就在那里！原来它沉到雪面之下了，就只能从那唯一的角度望过去才能发现。而看见它的，是个法定盲人（编者按：或作视障人士），一个愿意被神使用的人。两个农夫再度低头祷告，感谢、赞美神。噢，我们所服事的是怎样的一位神啊！

外展到纳瓦霍族（Navajo）

某个夏天，邻居一位农夫雇用了一群美洲纳瓦霍族印第安人，到他的树林里砍伐造纸用的木材。他们带着家人及成群的孩子们到来，栖身于简陋的棚屋里，就是他们在树林里建造的临时宿舍。每间棚屋里通常只有一张大大的床，全家人都睡在上面。他们令邻近的农夫们感到威胁，恐怕自己的鸡会失踪。村校的训导主任不断试图找出那些躲在树林里的印第安小孩，要把他们送进我们那所只有一个房间的小小学校去，却屡试屡败。他们当然也不会到我们的教会来。年少的我心有负担，要为基督接触他们。听到牧师提议我们的弦乐队每周五黄昏可以到那些树林里去，为那些印第安人咏唱和演奏，随后由他做灵修分享介绍耶稣，我真的喜出望外。那年夏天，我们每周都这样做，但我却很清楚，事工一点进展也没有。对他们来说，我们带来的，只是能解解闷的精彩娱乐而已，信息没有进到他们心里去。他们的生活贴近大自然，我认为他们必须看见自然界中发生的神迹，才会被说服，知道我们的神是实在的。我想象有个星期每天都在下雨，日夜不停直至周五。到周五黄昏，我们就会带着乐器和雨伞，到印第安人中间去，然后牧师就向他们宣告，我们将向我们天上的神祈祷，求祂为我们崇拜的缘故叫雨停住。他们若看见这事发生，便会相信。

有一星期，果真一切如我想象，整周都在下雨。我满心期望，非常兴奋，因为这次有机会向那些印第安人显示我们的神是真的了！周五到了，我巴不得晚上八时那为印第安人举行的弦乐崇拜立即开始。当天下午，牧师却来电通知，黄昏的弦乐崇拜因下雨取消，我几乎哭起来。我向牧师建议，那正是大好机会，到那里去祷告求神停止下雨，印第安人们看见神的能力，就会相信了。牧师尴尬地清清嗓子，回应我这幼稚的提议："嗯，我已把今晚取消聚会的决定通知了好几个人，下周五晚上我们会再为他们演奏。"我带泪挂上电话，然后祷告："神啊，若到他们那里祷告、叫雨停下来是祢容许的，是否单单为了我，祢也愿意动工？求祢叫雨下到黄昏八时正，然后就止住。"

此时，我们已拥有几头牛了，那天黄昏我到牛舍去挤牛奶，七时半完工。雨仍在下，但就在我家的古老大钟敲响第八次时，云朵随即分散，被夕阳照透了。在阳光中，沾上雨点的每片叶子、每根小草都像魔幻仙境中的宝石般闪耀。我高兴得哭了，因为神应允了这样的祷告！我求神帮助我长大后牢记这事，单纯地相信祂的大能，不要像大人般复杂。在长大过程中，我总是看见及等候神迹出现。

我的房子失火了

我们在农庄住了五年，一步步把它改善过来。可是那叫人住得舒适自在的木房子，却在1945年9月2日烧毁了。

那时我刚十五岁，火灾就在我入读高中一年级前的周末发生。那天中午前，我们在加建的新厨房烟囱生了个火，要烧去其中的松焦油渍。这本来是件好事，可是，位于楼上我房间中的烟囱盖却因过热燃起火花，而想必有些火花掉到木地板上去，慢慢熏烧起来。

往常午饭后我都会到那房间午睡一会，但那时哥哥和我正为附近一间腌菜厂培植青瓜。而那天下午我们刚巧决定了放弃午睡摘青瓜去。一阵强烈的热风吹过来。我们在青瓜园圃里听到继母大声呼叫正在田里驾着那台新费格逊拖拉机割麦草的父亲，我们还议论说："风呼呼地吹，拖拉机的声响也不小，她以为爸爸可以听得见吗？"哪知当我们往房子望去，就看见浓烟、火焰正从房顶冲出来，而继母正站在前院的台阶上，上上下下地挥动着她的围裙，呼唤着父亲。

我们一起跑过去。保罗跑到房子里，拨出紧急用的长哨，向邻居并在九英里外的消防局求救。一个长哨信号发出去，跟我们在同一电话线上的全部二十多个单位就都能被联络上。我则跑去开动车子，沿途按响喇叭，到田里去接载父亲。不同车辆陆续到达，邻居们开始在我们的房子里跑进跑出，帮忙尽力抢救贵重物品。混乱中，我发觉自己竟从房子搬出一罐子牛奶来！转瞬间，火焰已猛烈得令人无法走近了。

其实在那年秋天来临前，父亲已为房子加建好厨房，又在底部加了个半地窖，并在其中安放抽水机，将水管连接到牛舍那里。而继母已把所有在夏天从园子里收集来的农作物封存起来。那些以阔口瓶密封好的食物，井井有条地排列在新厨房下地窖中的搁架上。我们来年吃的水果、蔬菜全在那里。那些日子，我们没钱买食物，未来数月所吃的，都得由我们自己种植和封存。

夏季封存的食粮获救

由于热力一般都往上升，地窖的温度还没像楼上那么高。厨房一堵着了火的墙向外倒塌时，地窖里的搁架并其上放着那一瓶瓶的食物就露了出来。若失去那年夏季的全部收成，以及许多花在种植和封存上的时间，会叫我们痛上加痛。

有位邻居听到电话上的求救信号后，带了两个强壮的农场帮工来（他们是政府交付给他监管的德国战犯）。他们二人从墙倒下那边望进去，透过地板上的孔隙看到地窖中搁架上那些用瓶子装好的食物，他们无法袖手旁观，竟然自告奋勇，甘愿冒险，要去救出那批食物。

他们其中一人戴上厚厚的皮手套，也管不了头上的房子烧得正热，纵身就跳进地窖里去，然后把那些瓶子一一抛给在上面的同伴，让他传出去。这时，由邻居们组成的一队人，把那些热瓶子一个接一个地传过去，把它们摆放在离房子远远，院子里树下的草地上。地窖已热得令若干瓶颈上的胶环开始溶化起来。（日后，我们就先吃掉那些瓶子里的食物。）

等最后一瓶食物都拿出来了，我们也就及时把那德国囚犯从险境中拉了上来。那些英勇的德国人连同我们的邻居们，冒着相当的危险，为我们救下一年的粮食。为此，我家对他们永生难忘。

消防车从城里姗姗来迟，而且车上的水也很快就用光。消防员从河里抽水给水箱补充时，水管喷头却被沙子堵塞着，我们只能无助地站在那里，眼巴巴看着房子燃烧。对我这少年人来说，这次是痛心的经历，让我身心交瘁。在这事件中，神在哪里？

我安稳

父亲独自站到一旁去，我悄悄从后面靠近他，听到他在柔声低唱："我安稳，我安稳，安稳在祂手中，无祸可害我，无敌可叫我不安，因祂昼夜保守。"（Safe am I, safe am I, in the hollow of His hand.）虽然我们几乎失去一切，父亲却仍然对神大有信心，这使我感到格外放心与安稳。我跟父亲手拉手站在那儿，看着我们的家和财物在焚烧。

为房子购买火灾保险是否表示对神缺乏信靠？父亲曾多次为此事抗辩，也因此任由保费到期也不付款。保险公司第二次来信，通知他已逾期。若他当时立刻清还续保欠款，他的受保范围就会如常不变。火灾发生那次，父亲记不起自己有否寄出保费。所幸他有，这起码让他有二千美元的赔偿。这事以后，他一生都不再质疑购买火险是否明智了。

农场上附属的建筑物，大致座落在由南至北的方向，而房子在最南方。那天强烈的热风是从西北方吹过来，若风向逆转，我们其余所有的建筑物也会随房子付诸一炬！哥哥那位于房子南面区段的蜂巢，外层的油漆就给热得起了泡，蜂巢里面却因有蜂群在扇动翅膀，气温得以保持，以致蜡造的蜂巢没有溶化。

那些巨大的圆木持续被火焰焚烧了一星期。火灾后，我们孩子在邻居的家里睡，父母就睡在谷仓那些盛燕麦的容器里——他们把床单铺在柔软的燕麦上，并把门敞开，监察风向会否改变。一天晚上，风向真的改了，并正把热灰烬朝他们和谷仓吹过去。他们没有逃跑，只是即时跪在燕麦上祷告，风向顿时转回西北。火一直焚烧，风向就整个星期维持不变。赞美主！

火灾后三周，我下到已被焚毁的厨房地窖去，尝试识别一下被火烧熔了的物品，例如那一大团铝，原本是我们的大压力煲。而从中国带回来的一个坚固的扁衣箱，不知被什么保护了，竟然没有烧毁。我把它打开，里面的东西就立刻起了火。我用力把顶盖合上，但已经太迟了！因为衣箱里的热气在火灾后没有散去，所以一有氧气助燃，就立即烧起来了。那箱子装满了在中国拍摄的相片与快照，这损失真无法补救！

重建的神迹

1945年9月2日那场火发生时，适逢大战刚结束，建筑材料有如凤毛麟角，我们却竟能在同年圣诞前夕就已搬回原处。这些跟我们重建房子相关的一连串神迹，足以叫帮忙重建的两位木匠中的一位信了主。

我们的木匠邻居们太忙，直至11月初（大火后两个月）才有空来帮忙重建。父亲请他们先盖着厨房下的新造半地窖，好保护连接到牛舍的水管。父亲很久以前已锯好木料，堆放在他的小木林里待干，打算最终建一间鸡舍。那些木材现已干透可用了，这是何等的祝福！

11月的天气反常地暖和，父亲于是吩咐木匠们："去！在楼下架起二尺阔、四尺长的木板，看看我们能做多少？"

一天黄昏，木匠们前来跟父亲说："老栩，现在你决定把房间、门、窗摆放在楼下哪些位置了？"父亲想了一晚就决定了。不久后，他们为了楼上的房间和楼梯，又前来问了同样的东西。那也是一夜之间给决定了的。神奇妙地带领，那房子日后成了接待事奉人员的地方。

有位好心的邻居不停说服父亲应在房子底部余下的空间也建个全层的地窖。他自愿效劳，付出时间，又借出马队和挖土斗铲，使得这个建议成真。

父亲的木材只够做房子的部份外墙，而因为大战的缘故，他联络过的木厂都没有木材可供应。木匠们说工程要停了，因为没有木料，他们就无工可施。那天晚上，父亲在我们教会的每周一次祈祷会中，提出这事作特别代祷事项。有位农夫那晚到祈祷会来，他之前从未参加过，就连教会聚会也没有经常出席。祈祷会后，他告诉父亲，他有些砍好的木材，堆放在他的草场上，父亲可能会用得着。结果，那些木材刚刚够铺设整座房子的外墙。

父亲无法找到作厨房、玄关及浴室地板用的材料。一位木匠问父亲："在盖这个混凝土的筒仓之前，你不是有个木制的么？"父亲称是。那木筒仓被风吹塌了，于是他把木料存放在谷仓中。那些木材全是优质杉木，份量刚好。

建造新烟囱用的砖块也是无处可寻。寒冷的天气将至，一旦下雪就无法铺砖。另一位邻居告诉父亲说："我谷仓后面有堆砖块，原是想用来建一间鸡舍，但火险公司不允许。我不知数目有多少，若你用得着就随意拿去吧！"那批砖块只欠三块便够，我们最后也从别处找齐。在铺砖的时候，工匠们在开始建造烟囱那层生了个火，好让双手保持温暖，也正好令混凝土的温度适中，使他们可以在冰封的气温临到前，顺利把砖块一直往顶上铺。

我们还经历到其它神迹，包括在欠缺所需用的门、窗时，找到尺码刚好的。由于没有为房顶找到长的托梁，他们于是用了较短的，在角位处接合，造了个复折式房顶。那些斜面只集中在房间中几个落地衣柜里，让楼上因而多出四间方正的卧室，这是祝福。旅途上的宣教士经常都在我家留宿，那特别的房顶就为他们提供了住处。而多年以后，哥哥就在那儿把四个儿女抚养成人。我们曾经多次感谢神藉那场火赐福给我们，并让我们从中学到功课。

神让我们重建房子，而且在圣诞前夕就能搬回去。这些只是祂赐福的几个例证。我一次又一次见证了，神是配得我们信靠的。

心系农庄

我极爱这农庄，它深深地抓住了我的心。还记得幼时丧母，告别父亲，离家从内蒙乘船回美国时的感受：我好像海上飘浮的软木，随着海浪四处流离，渴望能沉到海床某处，下锚系住。现在我们终于付清欠款，拥有这农庄了。我们会一起留在里面，我也终于停泊下来，紧紧系住农庄了。我们全家一起在农庄上干活，我爱此地，农庄之畜及所有。

鱼的故事

有时，父亲会在早上五时前来，把我唤醒："我们下去钓些鱼回来做早点吧！"寂静的早晨里，我们划着小艇，在荡桨声中沿河流悄然下到湖去，伴着水面上晨曦的倒映，构成了我珍而重之的回忆。我和爸爸都爱垂钓，那些宜人的时光叫我希望永远留在农庄里。继母不擅于与人合作，所以我没有学会家务和烹饪。我大都跟父亲干些户外工作，也非常喜欢。

我的家族有黄斑点退化症（Macular degeneration）遗传，因此，父亲在失去垂钓的热忱以前，中心视力早就模糊了。虽然钓丝和软木浮子他都看不见，他却会运用周边视力来钓鱼。他会紧盯前方，然后把钓丝抛到小艇旁边，又把一根白色长长的鸡毛插在软木浮子上，当有鱼前来咬饵时，那鸡毛就会晃动。就这样，他继续把太阳鱼、河鲈、花鲷及巴斯鱼钓上来，令我们的饭桌生色不少。

我的私人花园

父亲给哥哥和我每人一片并排的园圃，我们可随意种植。朋友到访时，父亲总会问："要看看孩子们的园圃么？"不用说，人家能怎样回答？于是我跟保罗会比赛，看谁的花园农产最多且没有野草。我们二人后来都成了终身热衷农事的园丁。当时，我希望能嫁于农夫，在威斯康辛州一个沙土农庄上养育一打子女，并成功经营。那是我的梦想。然而，我却常常记起父亲那句"十分抱歉，我无人可差。"我心里明白，有一天我必须离开农庄，到中国去当宣教士。

装在瓶里的信息

那时，无论教会或电台广播都有大量讲章论到基督再来。"教会被提"对我来说是何等真实，而且似乎迫近眉睫。我怕自己没机会等长大后做宣教士服事主，祂必会在我长大前就来到。因此我祷告说："主啊，我只是个黄毛丫头，但我真的爱祢，想服事祢。现在我能为祢做什么？"当时我只有十二岁。我有个主意：在谷仓阁楼有些旧酒瓶，是从前的业主留下的。我暗中拖着一桶肥皂水上那儿去，把其中一些瓶子上的商标擦去（若存留至今，必定价值不菲），然后把从教会的单张架上拿到的福音单张放进瓶子里，又用从父亲的钓鱼工具箱取得的软木塞把瓶子封好，跟着把它们塞进我的短外套里，并偷偷地越过小山，下到河流那里，把一个个"福音单张瓶子"投进河里。我为每个瓶子祷告，求主让一些渔夫看见，读到单张的内容，信靠耶稣。我每夜不歇地为那些瓶子流泪祷告，又想像它们沿着贸易河流到圣克罗伊河、密西西比河，一直到新奥尔良去。从那方向横扫下去，很多生命可能得着改变！我不知道将来在天家，是否会碰到一些因为瓶里的单张而认识基督的人。若会也不足为奇，因为神会特别垂听孩子的祷告。其实，这些都只是我那非正统的宣教初阶的点滴而已。

宣教士团契

听闻宣教士都有宣教士的呼召，我以为那该像撒母耳（编者按：《圣经》中旧约先知，曾在夜间听到神的呼唤）在夜间听到的声音一样。由于我未听过任何声音，所以从没有跟任何人提起我对中国的负担。我们的教会会办宣教聚会，且在讲坛前呼召年轻人为宣教献上生命。有一次，他们竟然下到侧廊来问我，是否会跟随父母的榜样做宣教士。我三缄其口，心里想："弟兄啊，你们当明白，这东西不是遗传来的，去找其他人吧！不要老是找我麻烦，好吗？"

中学毕业前一个月,我满十七岁了。我明白将来若真要当宣教士,我需要接受一些训练,就算我一生都没得着那做宣教士的"呼召",念圣经学院都会对我在国内服事神有帮助。一位跟我同教会的姊妹的榜样很好,我深受感染,于是选择了到她就读的学院进修,就是位于芝加哥的播道圣经学院(Evangelical Free Church Bible Institute)。

我们教会一位女士在芝加哥北岸区有些富有亲戚,他们的房子座落于俯瞰密歇根湖的悬崖上,有十七个房间。他们想从乡村地方找个廉价劳工照管两个儿子和大宅。这女士向我提出他们的建议,我欣然抓住了这机会,因为我不想让父母给我付学费。若神将来会在宣教工场上供应我的需要,那祂此刻就可以开始。祂果然如此行了!

离开家园

得知我渴望离开所爱的家园与农庄,我的家人震惊不已。我从未向他们说明原因。拿着我的厚纸板手提箱,还有十一美元(是我以每升五美分的工价帮人家采摘草莓赚回来的),我独乘列车往芝加哥去上任,家人则用一台挤奶机取代了我在家的工作。神在我所走的路上遍洒惊喜、教训和重要经历,其中不乏神迹,就如赐我工作,又用意想不到的方法供应我的一切所需。藉着学院,我找到一些散工,在下午和周末替人家洗衣服、烫白衬衫、清洁家居等。在慕迪教会的风琴师家里工作时,我觉得被称为"清洁女工"蛮好笑,我就宁可看自己为"至高神的仆人"!

为了一些工作,例如到"好消息"出版社(Good News Press)负责校对,我会乘高架列车到芝加哥的市中心去。神总是供应我所需，虽然有时刚刚赶上所需用的时间。一天黄昏，我到湖景播道会（Lakeview Evangelical Free Church）去参加周末崇拜。那天有位"信心宣教士"讲见证，她没有固定的奉献者支持。第二天在宿舍温习功课时，我有感动要透过那教会给她五美元。我检查我用来存放预备作十一奉献的箱子，空的！我看看自己的钱箱，刚好有一张五美元纸币，但是我不想给她，因为我那天下午正需要现金乘高架列车到市中心去干活，于是我重新埋头看书。然而，我无法集中精神，有个念头出现："把你那五美元给她。"我跟神争辩说，那并非负责任的做法。由于那磨人的念头久久不散，我就视之为神的催逼，于是我把纸币连同一张给教会说明用途的便条放进信封里，然后用我那最后一枚三美分邮票，把信投进街道上的邮箱里。我再回头温习去，这次就可以十分专注了。

中午时分，我从宿舍走过几个街口，到位于修道院大道（Hermitage Avenue）4211号的中央大楼去吃午饭。我仍在担心下午怎样到工作地点去，要购买高架列车的来回票到市中心的工作地点去，我需要两枚十美分硬币。我既无力偿还，就绝不向人借贷。我有一套崭新的短铅笔，用来记录桌上游戏的分数非常方便。我尝试廉价卖给同学们，但不方便把出售的原因相告，而他们也没兴趣买。

午饭后准备离开学院，要到市中心干活时（当然我无法走路去），我检查了一下信箱，里面有朋友寄来的一封信，内附一张二十五美元的支票！神给了我五倍的回报。这是类似经历的首次，却绝非最后一次，主经常如此出人意外地给我供应。神在试验我是否顺服，同时也在证明祂的信实。可是，我仍未听到任何宣教士的呼召。

肯德基州的经验

1948年我在学院第一次放暑假时,我没有为要赚取生活费而工作,而是决定到肯德基州的夏彻特(Hazard)去,跟我们的宣教士同工在青年营会和儿童假期圣经班中服事,为的是获取可贵的实习经验。那个时代,没有人会请别人支持自己做短期宣教,只会把需要交托神。我也从未想过要寻求支持,而叫人啧啧称奇的是,我从来不需要那样做。

一位叫郝多乐(Dorothy Kirk)的同工跟我一起在不同的教会教主日学,又在一些校舍里教授那些一连数天的假期圣经班。在某间教会里,我们要在每主日早晨主日学开始以前,先把四处满布的蝙蝠粪便清除。我们走路到学校去时,有位智障的年轻人经常暗暗地尾随我们,这委实叫人有点紧张。

有一次在为期一周的假期圣经班期间,我们住在有金属天花板的校舍。每天等到白天的儿童课程和晚上的成人课程都完成了,多乐和我便把门上锁,准备睡觉。有一次,我们不知道有群年轻小伙子(可能还带点醉意)一直在树林里等待我们入睡。突然,我们被惊醒过来:石块如骤雨般落在学校的金属房顶上,哗啦之声震耳欲聋,确实吓人。我们知道这些住在山区的人常会在酒醉后放枪寻乐,任何事情都可能发生。但那夜却没有,赞美主!第二天,我们如常教授假期圣经班和带领各种聚会,就像没发生任何事故一样。无人能这么轻易就把我们吓退。那次在肯德基州的经验十分宝贵,虽然有时也像荒蛮的西部一般吓人。

那群长期在肯德基州夏彻特一带工作的少女宣教士,实在是我们难得的好榜样。每天早饭后,我们都跪在厨房的椅子旁，一起为我们周围的需要和接触的对象祷告。那年夏季，我们确实看见有些人的生命因福音改变了，其中一位女孩叫德达（Teda），她后来参加了肯德基州宣教差会。六十五年后的今天，德达虽已退休并且身体不适，却仍在那地为基督做工。

那里有位叫理察.嘉理逊（Richard Carison）的智者，是肯德基的老宣教士。他得悉我对中国的负担后，教了我影响我一生事奉的真理。他说："德理，将来在宣教工场上会有很多西方人，包括其他宣教士，他们可能在你的社交圈子出现，成为你的朋友。然而，宣教工场的当地人却会留意着你，看看你工余时选择跟谁在一起。他们会从你的选择，断定自己到底是你的工作对象还是朋友。"我从未忘记这忠告，它确实影响了我一生的事奉以及如何选择与人交往。

做宣教士的呼召

一天，圣经学院早会来了位特别讲员凌安娜（Anna Lindgren），她是慕迪圣经学院的讲师，也是慕迪出售的属灵书籍《常在主前》（In His Presence）的作者。她讲到有关明白神旨意的事情，以及神怎样一步步带领我们：就像你拿着手电筒时，只需看见脚前的道路而非终点！这给我极大安慰，也是我正需要的，因为我一直很担心自己会错过了神给我的旨意。由于凌女士曾在慕迪教过先母，她能从学生名单中认出我的姓氏来，并请我在早会后与她见面。

倾谈时，我跟凌女士分享了我对中国的负担，以及我如何在等待那宣教士的"呼召"。她微微一笑，说："神必定在你很年幼时就呼召了你。"那刻，就像有鳞片从我眼睛掉下来，叫我看清楚一切："对啊！为何我会想不通！神的呼召就是那一直在我心上逃避不了的负担，我要等的不是夜间的声音！"我随即感谢主，又写信给播道差会的秘书，申请做候任宣教士。我收到他们有礼的回复，表示他们不会考虑未满 21 岁的申请人，并建议若几年后我仍有此念头，可再联系他们。那时我刚满十八岁。于是我回信说："假若几年后我仍抱此想法，你们会希望我此刻在哪里就读，并且念些什么课程？"他回答说："在惠顿学院（Wheaton College）主修圣经科。"

哪所大学？

很多从二次大战退役的军人都报读惠顿学院。开学后，我在候补名单中排第七，而且囊空如洗。我跟自己解释："若神想我到那里读书，就必会供应。"祂没有，我于是休学一学期，搬到先前北岸区那户人家去住宿和工作。此时，那家人想得到我的协助，已经渴求到几乎什么代价也愿付的地步。有了这份食宿全包的差事，我可以把工钱全数省下来支付念书的各项费用。我放下了惠顿学院，另选了北园学院（North Park College）来完成头两年学业（文学副学士，两年制学位）。相对前者，这里费用较便宜，而且入学竞争也较小。

支付北园学习所需

为了支付在北园的学习费用和各种支出，我在大学的厨房及食堂干活，又到瑞典圣约医院（Swedish Covenant

Hospital）当护士助理。我没法忘记第一天当护士助理，就被安排去协助处理尸体，预备移送殓房的经历。我真的喜爱服事那些患者，因我视之为对耶稣的服事。夏季期间，我也曾跟一个在北园附近的犹太家庭同住，协助他们处理家务（并学会怎样用蒜头腌牛排，调出极佳风味）。他们那七岁儿子爱听我家农庄的故事，有次他问我："你们的乳牛有出产博登牌牛奶么？"就这样，我从来不用借贷或欠债。

良好的宣教训练

我最终以三年级学生身份入读惠顿学院，又申请到厨房去协助膳食服务以赚取学费和生活所需。当总监问我想做膳食服务中哪个职位时，我说："你可以给我没有人愿意做的岗位。"她果然照办。我后来是何等懊悔说过那些话哩！

那学期中每天食堂午饭时间过后，我都要清洗近一千二百只玻璃水杯。那些杯子一般都粘着干了的牛奶、巧克力奶，或者塞进了纸巾或其他垃圾。我要先用擦子把它们里外洗净，再浸入三桶热水中冲洗多次，然后堆起来晾干。冲洗槽是低低的，我却长得高大，而水从洗碗机汩汩而出流至地板上，我为免溅湿双脚，唯有再用木板把自己垫高一些，因此，我得弯着腰来洗杯子。带着背痛跟在热水中泡了两小时的双手，我迎着室外的寒风到课室去上下午二时的课，根本无法保持清醒。我想应该会有一群同情我遭遇的人吧？不过，自从我学会了把那职务变作每天敬拜的经验，它最后反成了我的喜乐！这经历是个宝贵的锻炼，让我学习怎样扭转不正确的心态。总之，这确实是个很好的宣教训练。

改到日本去？

在惠顿时，差会跟我联系，看看我是否愿意弃中国、取日本作为将来的工场，因为中国大陆不能入境，香港看来也会收回。差会中有位未婚姐妹将出发前往日本，他们不想打发她孤身上路。我从父母口中听过日本人加害中国人的种种暴行，而我是对后者认同的。对于到日本去当宣教士的提议，我立时的反应是："那些日本鬼子，他们活该下地狱去！"主却提醒我："你也活该哩！我也为日本人死了！"神让我明白我的心态有错，我于是回应说："主啊，若祢让我心里爱日本人，我连日本也愿意随时候命前去。"那一整年里我都在为到日本去做准备。然而，从香港回到家里来的资深宣教士梁贵民牧师（Arthur Lindquist）说："香港不会有政权变动，我们需要你来香港。"我发觉原来这只是个让我看清自己心意的试验，我最大的负担一直都是中国人，而且至今未变。

其实早在二十一岁前，我已被播道差会董事会接纳为香港的候任宣教士。我希望从惠顿学院毕业后，随即就直接到工场去。然而，差会规定所有候任宣教士在出发到工场前，必须找到足够的奉献支持，并参加在7月初举行、为期一周的差传训练。我既没有任何支持，又要到6月16日才毕业，我能有机会参加么？

从道歉到支持

我在惠顿最后一学期时，神让我在灵修时常想起在播道会圣经学院念书时所犯的罪，那跟我孩提时代的事有关。

继母对养育孩童全无经验，我们的成长也就缺少管教和训练。在圣经学院时，我明显地展露出很多有待琢磨的品性来。有位担任女学生训导主任的嘉尔信妈妈，考虑要修理我！她已年逾七十，又是个传统的老处女。所有老处女的古怪行为和脾气她都具备，但她却有一"补偿"的特质：她爱我们，我们也爱她。她认识父亲家母，知道我将来大概也会到宣教工场去，并看出我是颗未经琢磨的钻石，因此，她开始向我有所行动。你能想象到我对这些行动有多感激吧！我觉得她针对我，我也有点小办法向她报复，我懂得模仿她那些古怪有趣的行径，惹来哄堂大笑。当然，那只是为了找乐子，而且都是她不在场时才发生的。

现在一切就绪，我要到香港去了，神却不断地给我重提这旧事："你那时对嘉尔信妈妈不很友善，对吗？""主啊，那都是玩玩吧！"提醒之声没有消失。最后，我问："主啊，祢要我为这事做些什么？跟她道歉去？"我当下就晓得，答案是："对。"可是，那多尴尬啊！我怎样跟她解释呢？但我决定了要顺服，所以别无选择。

有一天我没有课，我便放下温习，乘列车去道歉。我从惠顿坐车到芝加哥，然后再转乘高架列车北上到圣经学院的宿舍去。嘉尔信妈妈是舍监，住在那里。但当我到达想道歉时，她却不在！我真高兴，因我已尽力。不过，到下一次安静默想时，主又来唠叨我。"但我真的试过了！""你可以给她写封道歉信啊！"虽然很艰难，我还是写了并寄了那封道歉信。然后我收到的是一封令人愉悦的回信：她说她并不知道我信中提及的事。那也无关紧要，重要的是我得宽恕了！我不知道，原来她是那大型的夏谷教会差传董事会的成员。我念圣经学院时就参加这教会。我的道歉信令她记起我准备要到香港去。

我刚完成最后一科期终考试，就有人递来一张有电话号码的便条，叫我回电话。原来夏谷教会告诉我，他们的差传董事会开过会，决定承担我全部的宣教费用！现在，我可以参加那在7月举行的训练班，然后出发前往香港，毋须为筹措支持的款项而延期了！我学到一个重要的功课：当神说话时，我最好立刻听从！

最后挣扎

离家前最后一个主日晚上，我经历了一场挣扎。父母跟哥哥都熟睡了，我却无法入眠，我于是走到外面，投进月色映照的暖暖夏夜里。

我们的农庄沐浴在月光之中，山坡披上树木，沼泽跟我家的白色房子在月夜里多么明亮。那美丽的夜里我听到的，就只有牛嚼草的声音，以及青蛙群在沼泽里的呱呱合唱。我突然觉得，到我回来做首度述职之时，一切都将不再依然，很多事情都会改变——哥哥已届适婚年龄，父母已年届老迈，我们的家不会再保持现状了。我在爱神和爱家、爱家人之间苦苦挣扎，然后我望着月儿在想，在香港上空照耀的，跟这儿的是同一月亮，更重要的是，这月亮背后的神会在香港与我一起，像在这里与我家人同在。我向神降服，心中充满平安，心存渴望与喜乐，向着工场出发。

到香港的货轮

1953年9月23日，我登上一艘到香港去的货轮，同行的有宣教士同工申路得（Ruth Sunquist），这次她要回香港开始第二任期。我跟家人道别后，就乘了三天列车到西岸去。父亲曾教导过："列车上食物售价很贵。你要看准午餐时间，列车停下时，职员下车往何处用餐你就尾随着，跟他们在同一地方吃饭，然后与他们同一时间登车。"这果然奏效！

我们的货轮只有四位乘客，路得、我，加上属于另一差会的一对夫妇。航程为期整整一个月，因为这船要在不同的港口上落货，这让我们有时间相交，一起祷告。

惊人的消息

离开旧金山前，我们乘客四人要等待数日。期间，路得收到播道差会总监寄来的一份内容叫人震惊的邮件。邮件中附着一封信，来自路得在述职时所见的医生，提及她的肝脏仍然满布阿米巴虫。（这问题在她首个任期时已有，她希望至此应得到解决。）这封医生信的邮戳是两个月前的，谁都不晓得在邮递系统中为何或在哪里延误了两个月。若差传董事会早点知悉这事，他们就不会让她此时返回香港了。由于我们已在船上，她可以自己决定留下来接受进一步治疗或现在就起航。她即时的回应是："我要去！"她随时候命，渴望回工场去。

跟大家讲一点路得的背景。她已完成了第一个四年任期，期间主要是学习语言。任期之初，她在广东服事，直至中华人民共和国成立，我们的宣教士奔赴英国管治的香港。期间，她十分疲惫而且病倒了。她的香港医生发现，她得了结核病，那是因为肝脏里的阿米巴虫夺去了她的精力。动外科手术可以切除那些感染了结核的腺体，但除非她能去掉肝脏内的阿米巴虫，否则，结核还是会复发的。所以，她首次述职期的先决任务，就是要解决这些虫。在述职期间照顾她的医生给她开了多剂驱虫药，而且药力一剂比一剂强，最后几乎令她患上溃疡。现在看来，她的处境有点无望。阿米巴虫一天天仍在侵蚀她身体的能量，她腺体的结核就必会复发，而任何进一步要除掉阿米巴虫的治疗方法，都必然会引发溃疡。

医治的祷告

我们四位宣教士在旅途中商讨这问题，并决定每人都向神寻找指引，究竟应否求祂治好路得肝脏的阿米巴虫病患。经过数天各自求问，我们分享各人的心得，并深信若我们求神医治她的病症，她必然得痊愈。我们根据雅各书第5章，以驱蚊油膏她的前额，又跪下来感谢神医治她。从那时起，我们大得信心，我们就当作她已痊愈了。

抵达香港后，路得回到最初发现她有阿米巴虫的医生那里去，做了一连串的测试。阿米巴虫竟然真的全部销声匿迹！路得继续她的宣教生涯直至退休，期间结核、阿米巴虫、溃疡踪影全无。我看见在我的脚尚未踏进香港，神已垂听了求医治的祷告。我的东方历险之旅只是刚刚开始呢！

抵达香港

1953年10月23日，也就是从旧金山起程一个月后，我们的货轮到达香港。宣教士同工们先给我七天导游，让我初步认识这片殖民地，然后我才登陆香港二百六十多个岛屿的其中之一——长洲，开始为期九个月的"鲁宾逊飘流"日子（编者按：鲁宾逊是英国小说中的主角，因意外流落荒岛而独自生活）。在长洲岛上，我将一人居住，独自浸润在陌生文化下的一种外语中，没有人会跟我讲英语。我学习语言的动力极大。

那时还没有给外国人学习中文的学校。有人告诉我，中文没有字母，而广东话就有九个不同的音韵。二十三岁这年，我开展了一生最大的历险旅程！

诗篇 57:7，9，10

7 神啊，我心坚定，我心坚定；我要唱诗，我要歌颂！
9 主啊，我要在万民中称谢祢，在列邦中歌颂祢！
10 因为，祢的慈爱高及诸天；祢的诚实达到穹苍。

在贸易河镇时期的棚氏一家：棚树叶、贝花、保罗和德理

1938年扩建后的贸易河教会

"恩典农庄"泥坑中捕获的鱼

大学时代的德理

随时候命

第 3 章

超奇历险记

前些日子在圣约退休村的分享聚会让我反思并记下了一些神的恩典、教导、与其他人有关的一些有趣回忆（不一定顺发生的时序），以及神如何管理我的人生等。由于现在没有聚会的时间限制，我在这里添加了一些在当日分享中没有提及的例子，让大家更加认识神对祷告的精彩回应、祂的幽默感、祂那天衣无缝的巧妙安排，以及祂如何在随时候命的生命中运行。期望我这样分享不但让大家感受到其中的趣味，更能坚固你们对神的倚靠，增加你们对事奉祂的渴望。祂的确是值得我们信靠的！

我十分蒙福，有幸在香港和其它地方见证神在许多人生命中的作为有四十年之久。盼望祂在我所分享的一切事上得着荣耀。

诗篇 26：2-3
2 耶和华啊，求祢察看我，试验我，熬炼我的肺腑心肠。
3 因为祢的慈爱常在我眼前，我也按祢的真理而行。

诗篇 86：10-11
10 因祢为大，且行奇妙的事；惟独祢是神。
11 耶和华啊，求祢將祢的道指教我，我要照祢的真理行；祢使我专心敬畏祢的名！

初到印象

1953年10月23日，申路得和我乘货轮离开美国已经有一个月了。我们的船驶进香港那繁忙、迷人的海港。那里布满船只，而且跟在美国的一样，都用浮标泊在离开港口稍远之处。路得的华人和宣教士朋友们坐满了几艘水上的士（Walla Walla），把我们的货轮围起来。这些用来登岸的小艇随着波浪起伏。我连这次从货轮至登岸的过程也提及，是因为在那小艇上的一位资深宣教士嘉理信太太（Mrs. Don Carison），给我提出了一个令人难以抗拒的挑战。她问我是否愿意教授一班为年轻人开办的英文主日学，这主日学不久就要在我们宗派的书局开始。我当然高兴，也乐于答应，因为我还没有开始学中文，竟然先有了事奉的机会。我会在下面解释，为何这承诺在一年后却令我不安。

我一直记得到达香港的第一个星期（已近十一月份）我流了有生以来最多的汗水！十月不是应该开始秋高气爽的吗？然而，那极高的湿度，加上我在美国中西部（甚至芝加哥）也从未经历过的高温，令我整天全身湿透。

迎新

那在香港的第一周是我走进新天地的适应期。我跟单身的女宣教士们一起居住，睡在她们那五层高、没电梯的大厦中四楼的阳台上。我睡的是折叠床，"朝行晚拆"（编者按：粤语意为"晚上铺床睡觉，早上拆掉"）以便腾出活动空间，在未来九个月里，这是我每周末的休息之所。

那头个星期里，我在非常陌生的环境中参与了一些叫人眼花缭乱的活动。奇怪的景象、声音和气味把那些早已遗忘、儿时在中国生活的回忆唤醒过来，就像沉睡后记起零碎的梦境一样。

在这里，小贩们会大声呼叫，为所卖的商品或服务招来顾客。他们声如洪钟，连住在高层的人都听得见，跑到街上去跟他们进行买卖，例如"铲刀磨铰剪"（编者按：即"代磨刀与剪"）、"补鞋"等。我最喜爱的是每晚入夜后听到"哎呀！哎呀！"（仿如英文 Oh me! Oh my!）的呼叫声，实则高呼："有棉胎卖。"

对香港的描述

那群女宣教士解释，九龙即九条龙，名字来自那城市后面的连绵小山造成的观感。九龙半岛在海港上伸出约三平方英里，人口稠密，是那时我们大部份宣教工作的重点。

九龙只是香港这个英国殖民地的三个主要部份之一。群山以外，九龙城市背后是新界，伸展二十四英里到中国边境。那里主要是郊野低地，种有花朵、蔬菜，或饲养鸭、鹅的小块农田。

维多利亚岛，本地人叫"香港岛"，在海港的对岸，是我们的"市中心"，岛上大型商业大厦林立，也铺设了多排的轻轨，方便一种叫"电车"的双层交通工具往来。这主要海岛约十五英里长、二至五英里宽、一千五百英尺高。它是一座被盘山公路环绕着的山，仿如牛群行走的小径，一直通往山顶去。

这片殖民地其余的地方由350多个面积较小的嶙峋小岛组成，大部份不宜居住，却造就出一个十分理想的海港。

部份小岛有足够的土壤或平地发展成为渔村。连接这些小岛到主岛及九龙半岛的是一个廉价的轮渡小网络。其中一个叫长洲的小岛状似哑铃，因此有个英文别号叫"哑铃岛"，这岛将是我在香港的第一个家。

我的居住安排

宣教士们对我应住在哪里有不少讨论。那时没有住所出租，而从中国来的难民大量涌入香港，连人行道也给那些以纸板为床的难民家庭挤满了。他们还用纸箱的纸板作屏风，把一个个家庭划分开。此外，楼房的较上层会伸延至人行道上空（俗称"骑楼底"），和街道齐平，让人行道和难民们避免淋雨。

资深宣教士梁贵民牧师提出，可让我住在他位于长洲的房子。这哑铃岛的陡峭山坡上有一级级的梯田，当地农夫在那里种植蔬菜。每天早晨和黄昏，他们都用"马桶水"来灌溉这些梯田，以至"芬香"飘送全谷。从这小岛到九龙半岛上的城市，约要坐一个半小时的渡轮。

长洲的山上本有混凝土加石块筑成的度假屋，是属于一些富有的外国人的，却在战时遭日本人拆毁，并取走了混凝土中用来巩固房子的铁杆作军事用途。梁牧师洞悉先机，以平价买下其中一间，重建后让我住进去。其他的宣教士反对说："你不能让一位连中文都不懂的年轻女宣教士，独自一人住在岛上啊！"那年我二十三岁。我求他们让我住在那里，因为在陡峭山下的渔村中，住了大约一万中国人，而我无法跟他们沟通，这正是激发我学习当地语言的大好机会。我既自动请缨，也无其它可行的选择，这个居住安排也就定下来了。每逢周末我都会回到城里去跟其他宣教士一起度过，而其余的日子，我有时会感到非常孤单，可是，搬进长洲是我自己提出的，我也就不能埋怨啊！

主日文化冲击

在这里（九龙城）的首个主日，我到了一间华人教会去聚会。人行道边上的市集到教会只一步之遥。我坐在最后排，讲道内容我全听不懂，却留意到一个有趣的现象：那地方所有的脑袋都是同一颜色——黑色的！突然之间，一个气喘如牛、穿着农务短裤和夹趾拖鞋、头戴草帽的男子闯进来，扑通一声在我身旁撂下一个装满活虾的篓筐。真是惊奇无处不在！我后来才知道，他溜进来不是为了灵里饥渴，乃是因为警察当时正在教会门外的市场突击搜捕像他那样的无证小贩。

黑暗中迷路

那主日之后，我有一个星期的时间认识九龙城。到了下个主日，宣教士友人们陪同我乘船、走路，带我到长洲的新石房子去。"哑铃岛"没有正式的道路，从海滨的乡村楼房一直向陡峭的山上进发，只有一条蜿蜒小径，通向第23号房子，那就是我的新家。那个下午我必须要认识哑铃岛的地理环境，至少能让我当天入夜后认得回家的路。

那个主日黄昏，中国宣教会要为路得和我这些刚抵达的宣教士设宴"洗尘"。由于安排了第二天早上在长洲居所开始上语文课，晚饭后我必须独自回去。

"你肯定知道今晚自己一人怎样回家？""没问题！"我却没有预计到，那些日间看到的景物与黑夜里所见的原来有很大的差别。从下面的村子攀上那陡峭的山坡，没有街灯或道路，只有小径，我只拿着手电筒。黑暗中，我没察觉到原来我已踏在分叉路口，且选错了路。不久，我确定这不是那天下午走过的小径。我无助地在一个山间平地上修筑而成的足球场上绕来绕去，我迷了路！那已是深夜十一点，四周漆黑一片，而我连一句中文也不会说，怎么办？

我当然是祷告啊！然后，我看见前面的小路上有位男士，我就认定这陌生人的出现是神回应我祷告的答案。我于是赶紧跑上前去，尝试跟他以英语沟通，但他只是用动作指示我跟着他，我也没有其它方法。最后，我们走到一段很陡的阶梯前，阶梯之上有间混凝土的洋房。他叩了叩门，门打开时，我投进的竟然是靳思亚太太的怀抱！靳氏是家父的宣教同工，当年在蒙古草原上服事蒙古人，而我小时曾跟家人带物资给他们；那差不多是二十年前的事了！

靳氏因为政局改变，离开蒙古到了香港，一直在长洲居住和事奉，跟四位蒙古学者一起修订蒙古文新约圣经。如今，新约圣经的修订完成了，他们正在收拾行装打算离开香港。那夜，我住在他们家里。想到天父慈爱的供应、巧妙的时间安排，以及祂对迷路儿女的祷告的奇妙回应，都让我受宠若惊、心生敬畏！

鲁宾逊飘流的日子

很快我就察觉到新居的特色。房子用水泥块跟石块筑成，内外都以水泥铺盖着，内壁以白漆粉刷，地面就是纯混凝土。我就是用尽九牛二虎之力，也没法抹干这地面，因为它跟我一样，一直在"冒汗"（暖空气凝聚在冷地上而形成）。幸好这房子居高临下，眺望到大海以及海上的渔船，景色壮丽，加上海风轻拂，住在这里实在蒙福。

我的新居有铁丝悬挂的荧光灯管，从高高的天花板垂下，厨房里有两台烧煤油的煮饭炉子，而日常用水来自天台的储水箱所收集到的雨水。雨水从储水箱进入水管，流到厨房中一个混凝土洗涤槽中；天花板那里的一条管道把水运送到浴室拐角处那小小的陶瓷洗手池去；盘子里用过的水会排到下面一个水桶中，循环再用来冲厕；冲厕后的水会进一步循环再用，流进下面花园的水箱去，用来灌溉繁茂的蔬菜和花朵，同时也用作施肥。我觉得自己就像活在伊甸园里！

家务及语言的帮助

宣教士们安排了一位叫阿芬的村妇，每天替我到市场去买菜回来煮食，让我可专心学习语言，在日间又不致整天独自一人。可惜，她讲的是乡村方言，跟我正在学习的完全不同。

宣教会又聘请了一位村民来教我语言，他在这方面略有经验。一周五天，每天三小时，他会到我家来教我广东话；然而，他只能说非常有限的英语。

阿芬会问我想吃什么，我的语言老师就会替我用拼音（我们称之为罗马字母拼音广东话）写下数款可选的菜式。我用膳时老师都不在我家，所以我总是忘记向他请教，请他多建议一点其它菜式作替换；结果，我每天三餐所吃的都是同样菜式，天天如是，看似永无止境。一天，阿芬又来问我下一顿饭要吃什么，我因那无止境的重复菜式而按捺不住怨气,英语脱口而出:"Raisin pie（葡萄干馅饼）！"她跟我说:"Pie! Pie!（馅饼！馅饼！）"（很明显,我说这词语时用的语调,跟她最初接触同一词语时相同。）由于她从前曾在外国人家里当过厨子,她懂得"pie"是什么,却不认识"raisin"。我看见还散布在桌上那被我拍灭的死苍蝇,看到两者相似之处,灵机一触,于是指着其中一只,重复说:"Raisin pie!"她一脸惊奇,然后咯咯大笑,随即转身往市场去。信不信由你,那天她竟然拿来一个真正的葡萄干馅饼给我！

语言学习

我察觉到身为宣教士,我要把与神相交以及与我要接触的人交谈放于优先位置。那位宣教士们给我安排的语言老师,每周五个早上都会到我家来三个小时。他首先跟我重复练习广东话的九个声调,直到最后我能分辨其中不同之处。我把他所说的一切都录了音,然后不断聆听和练习,直到我认为发音跟他完全一样为止,不管要花多少时间。老师把多页的实用交谈对话标注上拼音,训练我运用声调；我就录音、练习、背诵,又会用这些背熟的句子来跟山下村子里的中国人沟通,偶尔也会闹出笑话来,举个例子说,用不同声调或音高来表达一样发音的词语,可以指"神父"、"呻苦"、"辛苦"、"新裤"或"新妇"。

跟着录音带,我会用正确的声调读出每个词组,直至我认为发音准确无误。然后我会数着手指,把那个句子重复朗读二十次,而且一次比一次快,务求讲得更流畅。之后,我会用同样方法处理下一个词组二十次,又把先后两个拼合,再来二十回……不久,我就全都背懂了,这些交谈对话后来在实际生活中非常管用。

找不到交谈对象，这推动我更努力学习及练习广东话。每天老师离开后，我都会研习至筋疲力尽，最后甚至累到睡着了，书本从手上掉下来。

偶尔我会爬到房子下面的海岸去，在周遭涛声轰鸣、浪花四溅中，坐在那些巨大的卵石上研读我的生字卡。看见神那创造万物的智慧与荣耀，我心生敬畏。我不禁回味，神是怎样通过我那时的事奉，来为我未来四十年做预备的。

语言小笑话

我通常都在下午走下山去，到村子里试试我的广东话。有一次，我走进了一间商店，尝试为家中的植物买些肥料。我记下了老师给我的罗马拼音，却忘了标示声调，我本该说的是"肥料"，我发音正确但用错声调，变成"飞鸟"。我在店里的职员面前试尽所有可能的声调，却始终不得要领，而他们在我面前都显得有礼又认真；不过，在我走到他们以为我听不到的位置时，却传来阵阵忍俊不禁的大笑声。

因为我认定若语文初学者犯错，通常都会比较容易得到体谅，所以我尝试一有机会就壮起胆来运用中文，结果却是常常引来哄堂大笑。例如老师教会我怎样问别人的名称，于是一次家访，我就尝试问他们所养小狗的名字，但竟然弄得大家笑破肚皮，因为我用了"请问它贵姓"这最得体又常用的方式来询问，仿佛那狗儿是家中一员。在中国，狗就只是狗，不会得到像我们珍惜宠物般的爱护，我的询问方式反是种侮辱。

一次，我们的华人基督徒员工们到长洲来跟我一起团契，我们到了一家位处海滨、在户外以防水布盖顶的水上饭店。我在那里遇见教我粤语的老师，于是把他介绍给同工们。我告诉他们"这是我的老师"，虽然我用词正确，却用了日常惯用语，把话说成了"这是我的先生"（"先生"解作"丈夫"），老师的脸涨得通红，我的中国朋友们就只能用手帕掩嘴大笑。多年后，我要学讲国语时，又闹出了相近的笑话来：老师请我用国语说"我想生个炉子"（编者按：北方话"给炉子生火"的意思），我不过是轻轻发错了个韵母，就变成了"我将要生个驴子"的意思来！

首篇讲章

要学广东话，就必须把首次四年任期中的大部份时间放在语言学习上。那也不过是打好基础而已，而参与英语事工可能会妨碍语言学习。那时候没有语言学校，我因此无进度可依。在岛上九个月后，我可以一面参与事奉，一面一周两次安排时间跟语言老师上课，时间上很好安排。为到老师的家去，我要乘坐电动舢舨横渡海港。虽然事奉跟学习语言相比，我较喜欢前者，我却找到个两全其美的方法。

我还记得第一次语言大冒险。到香港刚满九个月，我就获邀做讲员，对象是由我们全部七间教会的青年人组成的联合青年团契，大概有数百人。他们自然认为我会请人翻译。我虽然明白自己的广东话词汇少得可怜，却下定决心要用广东话宣讲。当时的题目来自腓立比书第 3 章 10 节——"使我认识基督，晓得祂复活的大能，并且晓得和祂一同受苦，效法祂的死"。

我首先把信息预备好，然后逐字以英文打字机打好。因为我想准确地按中国人说话的方式来表达，而不要硬跟英文的字序，于是找来一位本身是翻译高手的中国朋友，让他就像是置身真正的教堂礼拜那样，为我把讲章逐句翻译出来，我就全程录了音。回到家里，我一面听录音，一面把全篇讲章的广东话用打字机打好；不过，这次是以罗马拼音拼出来的。下一步，我为所有声调做好标记，又在全部生字下面划线（数目实在不少），再跟语言老师读一遍。他会检查声调的标注是否有错，又替我为所有生字加上解释，让我好好学习。我把全篇讲章背了，用广东话宣讲出来，让我的同工和听众惊讶不已，因为他们都知道我的广东话只属初级阶段；他们却不知道，我为这次宣道投放了多少时日做准备。我发觉这既是学习语言的良方，又能让中国友人们免于听我们的西化中文之苦。在我首次四年任期中，我一直采用这方法预备每篇讲章，第二次任期中大部分时间亦然。我学习中文的动力强劲，又在偶然的机会碰上各种很棒的学习策略。这都有赖我众多代祷者的尽忠祷告。

  下面这件叫人会心微笑的事，说明那些努力确有回报。多年以后，有位中国内地的听众请求远东广播公司给他一本书，他们于是请我代劳。从香港寄出是不行的，若要确保邮件寄到目的地，就必须从中国境内寄出。我坐了一小时火车，到达边界，通过海关、出境等关卡，进到中国境内，找到间邮局把手上的书寄出去。书已包好，地址也填上了，但邮局的职员必须先把包裹拆开、检查，再重新包好、投寄；整个过程没有一点麻烦，因为那职员根本不晓得那书是什么。她把那书再包起来时，受好奇心驱使就跟我谈起来，问："你要把它寄回老家去吗？"问题本身怪怪的，我只好点点头。她又问："你不是香港人吧？你在那里住了很久，对吗？"交谈过后，她总结说："你有没有发觉，你到那些西方人中间住得久了，现在连样子都像个西方人！"她竟然真的误把我当作中国人（虽然我自知长得不像）！我听到后，禁不住赞叹，感谢神帮助我学习到那复杂的语言。

对于掌握汉字，我应该在这里做个提醒。由于我观察到小孩子学习说话远比学习阅读和书写要来得早，我觉得我应当集中精力学讲广东话，不要因文字而分心。因为当时没有语言学校或宣教士督导我如何学习，所以我在多年后才自学起汉字来。结果是，我只会阅读中文圣经，而阅读其它中文书则不太流畅。

首个圣诞节目

我抵达香港两个月后，就庆祝我在这里的第一个圣诞节。街上到处挤满来自中国的难民，睡在人行道上那些用硬纸板搭成、可拆卸的庇护所中。圣诞气氛很淡薄，没有被商业化，但要招聚到一群人倒不难。难民孩子们到处都是，个个背着弟妹在街上走。

播道会恩泉堂的圣诞节目在教会地面那层的礼堂举行，旁边是个繁忙的交通汇点。礼堂后面的墙壁其实只是一些折叠门，打开就可往街道上去。只要把这整堵墙壁一打开，一大群闹哄哄的小孩就会从街上蜂拥而至，挤着要进来，把礼堂填满了。他们背着弟妹，站着观看，甚至攀上长板凳，从通道一步步涌上前去，情况看来像马戏团表演而非主日学节目。

那时我们没有传声器，整个节目就这样被喧闹与骚动掩盖，而我的职责正是维持秩序。不错，我的确吸引到他们的注意力，可并非如我所期望那般。那时我还不懂任何中文，于是唯有像普遍美国人的做法，发出大声的"Shhhhh! Shhhhh!"以指示他们保持安静。但这举动引起哄堂大笑，因为这通常是母亲抱着没穿尿布的宝宝，在马桶旁边引导他们撒尿的指令！这种情景下发出如此指令，不但没有带来安静的结果，反倒引起无法制止、响亮的大笑声，让人什么都听不见！

多年以后，我在活泉堂协助事奉，这教会在二楼聚会。一次，小孩们正在台上演出圣诞节目时，有一位不速之客几乎弄垮了那次聚会。

教会的厨房采用的是当时很普遍的敞开式排水槽渠，家居蟑螂也就无法避免。我们的年轻人遂把两只乌龟放进厨房去，并成功控制了害虫的数量。那些乌龟无需照顾，会自己找吃的；我们平日很少看见它们的踪影，因为它们一般都躲在水槽下并在混凝土层架下执行任务。一次，一群年轻人正在把教会的礼堂涂上米黄色，一个淘气的少年在其中一只乌龟的背上漆了几下，它就变成了米黄色！

这怪异的乌龟为何偏偏选择在一个圣诞节目进行时现身？当时教会挤满了来宾，孩子们又正在台上朗读台词，这米黄色乌龟从厨房走了进来，跟跟跄跄地下到中间通道，向着舞台走去。宾客们大感震惊，表演中的孩子们却在咯咯大笑！它显然想参与演出！莫非神又再度展示祂的幽默感？

周五晚的英文查经班

每逢周五的下午，我都会乘坐小轮到九龙去，我们的宣教士就住在香港这区域。我在香港度过首个圣诞节后，其中一位女宣教士郑禧年（Helen Johnson）要回国述职。她请我接替她，负责每周五晚上的英文查经班，我很谨慎地告诉她，要先为此祷告。祷告后，我感到满有平安，于是接下这岗位。能再次用英语说话的确是畅快，服事那班约六至八位中学或预科学生，如鱼得水可真是件赏心乐事！这群学生来自英文中学，英语水平超卓，而且热心爱神，我们遂成了密友。恩泉堂对面有幢楼宇，里面住了五姐妹，其中几位参加了我的英文查经班，她们的家仿佛成了我第二个家。在查经班课堂外，她们从来不跟我讲英语，这迫使我运用广东话，有需要时她们就会纠正我的错误，这对我的帮助真大！

五姐妹中，黄求道排行第三，那时她第一年当教师。我是她的团契导师，跟她最要好。她也是教会青年团契的团长，该团约有六十位团友，大多是高中学生。我会参加他们周末晚上的青年聚会，虽然我懂得的中文词汇很少，无法跟大部份团友交谈，我却被他们深深吸引，尤其是那群会讲英语的。

有宣教士同工告诉我，那些都是好孩子，社交生活都以教会为中心；然而，我们却难以从他们的生命中看见他们跟耶稣基督有个人关系，这叫我担忧。圣灵又常在心中感动我，迫使我暂时放下心爱的语文书，先跪下来，在祷告中为这群年轻人呼求神。那负担重得很，我感到神在要我分担祂对他们的心意。我祈求神赐下从天上而来的灵性复兴，让他们生命扭转，深爱耶稣，并承诺对祂全然顺服。我也寄信到家乡，请他人代祷。

客西马尼

周五晚上城中的查经班上完后，周末早上我向来有个习惯，就是大清早乘公共汽车远离城市，到山脚去。那儿有个容易攀爬的地方，上面有些矮松和大石，很多人把圣经金句铭刻在其上。这地方常有基督徒造访，用来祷告，因此被不少人昵称为"客西马尼"。我周末早上会到那里去单独与主相交，又特别花时间为周五晚上英文查经班的成员祷告。

一天，我突然想到邀请黄求道在一个周末一起前去。那次以后，她就经常到来。我们跟主交通完了，便会分享读经心得，然后她批改校簿，我就研习广东话。

约在那时，中国看似会从英国人手上把香港取回，殖民地上人心惶惶。我们取消了原来计划好要举办的青年退修会，免得一旦有战事，那些青少年可能会与家人失联。

被抓

一个周末早上，我跟黄求道攀上"客西马尼"去，并在那俯瞰高速公路和机场的断崖上坐了一会。我因为没穿长裤，感到有点冷，只好就地把带去的荧光粉红色长睡裤穿到羊毛裙下。

求道告诉我在她记忆深处，日本人在二战时占领香港三年零八个月期间所发生的可怖事情。当时我们在读启示录，并且正预备心灵面对逼迫，连空袭警报响起来我们都没有在意，满以为那只是战争演习。接着我们分开，各自灵修。我虽然看不见求道的踪影，却知道她所在的大概位置。

大约半小时后，几声尖锐的号令打破了原来的宁静。我被身穿制服的部队包围，他们的枪正指着我！其中一人前去搜索，看看是否还有其他人，并且带着双手高举以示投降的求道回来。

当时我以为，我一直最担忧的政权更迭的战乱果真临到了，中国已收回香港，现在要来把我们拿下，真有如末日将至！不过，我心中却涌溢出难以言喻的平安。当士兵们在以另一种语言沟通时，我把声音压低，轻轻问求道说："你觉得怎样？"她回答说："这样就死去，真是毫无价值，连一个见证都不是哩！"

士兵们挟着我们走下崎岖的斜坡，往公路上去。我们需要彼此帮助才能爬下山去，因为山势实在陡峭。在路途上，我们可以谈上几句。求道说："不可能是中国士兵，他们的制服不是这样的！"我们心里虽然仍有疑惑，但比较刚才经历的紧张情况，此刻心情已大大舒缓了。士兵们把我们押送横过高速公路，然后向着机场走去。我们双手举起，三个士兵在前，三个在后，个个手里拿着枪，令我们颇为触目。当车子停下来让我们横过公路时，我俩突然间都留意到，我那粉红色的长睡裤穿在裙子下面，看起来是那么格格不入，我们被这毫不协调的画面逗乐得哈哈大笑，差点儿走不动！

我们被带到一机场内的军营去。士兵们用英语向长官报告："我们在山上找到她们。"我问："我们干了什么？你要扣留我们多久？"他们回答说："或许两小时，或许两天。"我们无法跟家人联络，又有主日任务在身，现在却无法前去完成。他们检查我们的小籐篮，里面有圣经、语文书和要批改的功课。"这是什么？"他们问及我的圣经。我说："这是我的圣经。"他们最终同意，那是本真真实实的圣经。两小时后，他们前来道歉，随后释放我们。

对于那天发生的事，我仍是满肚子疑问。原来，那些士兵是来自尼泊尔的啹喀兵，是英国人的雇佣兵。当时英军正在进行空袭演练，他们误以为我俩是间谍，在那断崖上窥探他们。原来中国那时还没有收回香港，只是在我心中，他们确实来了；但在那时刻，我却感到神所赐的那难以言喻的恩典与平安。这给我上了宝贵的一课：一旦类似的危机临到，神的平安会与我同在，我以后都不必再怕了！后来，一些来自恩泉堂的女孩子决定在每个周末上午跟我们同到"客西马尼"去，在那儿把握更多安静的机会，并且彼此分享。

罪疚感

我在水上的士上曾答应过要教的英文主日学，在我于香港生活了近一年后，终于开课了。其实那些月以来，我一直活在罪疚之中。我为何还没有求问过神，就急不可待地答应了嘉理信太太教那组人？我怎么知道神让我来承担那任务？延迟了这么久才开始，我很感恩！

那主日学将在我们的书局进行，共有两班。我想教的是青少年，却被安排了教儿童班，但因为我答应了，又是新丁，所以不敢反对。我教的那班从一开始就已经注定失败。每主日早上我都害怕"九点半"这个时间，我认为神无法赐福那班学生，因为答应教授这班时我没有求问过祂。

几个月后，另一播道堂会邀请我于早上八时到他们的教会去开办英文主日学。我可以采用跟之后在书局教授那班的相同教材。这次我当然经过求问，而且感到确实平安才应允任教这后加的班。我发现早上八点那班实在使我蒙福，就算用上同样的教材。至于九点半那班，因为我在罪疚中挣扎，所以我觉得仍是糟透。

教了那班将近一载，在那年的宣教理事会中，我提出请求，不再教他们，希望转到在相同时段进行的一些中文班级去旁听，以求学到更多圣经词汇。我的请求理据十足，因此获得接纳；嘉理信伉俪却不喜悦。那时我在城中跟他们一起居住。那天晚上，嘉理信太太对我说："德理，我们夫妇二人对你今天的决定感到很失望！"我说："噢！我需要学习粤语圣经词汇哩。"她回答说："我认为那并非你想不教那班的真正理由。"我哭起来，并承认真正的原因乃来自我未求问就答应的罪疚感。

我们一起坦诚、恳切地祷告。嘉理信太太帮我学到一个宝贵的教训：无论我们怎样走错路，神那完全的赦免和福气都随时可支取，只要我们向祂坦然承认过犯。读了神的话这么多年，我怎么竟不晓得这真理？在这以后多年，我需要辅导一个又一个犯错的人，虽然他们比我严重多了，但是我可以向他们保证，一旦他们悔改，神就立刻赦免他们，并且赐福。

祷告已蒙应允

到香港履行首个四年任期时，我专心学习语言和建立关系，尤其是跟恩泉堂那群青年人。他们既参加我的周五英文查经班，也经常出席青年团契聚会。虽然我的粤语仍然不甚灵光，但是我可以祷告；而神一直以来都在感动我为他们出现灵性复兴祷告。

一天，我为他们祷告时，心中突然充满了叫人喜乐的确据，深信那些祷告已蒙应允！虽然我不知道何时才得看见，我却感到跟祷告已实现了一般。从那时起，我只能预先赞美神。

复兴来临之时，其影响力大得无法想象。我从未看见过圣灵运行得如此深远，尤其在一种习惯于抑制情感外露的文化中。在我第一任期的首年，神在一个圣诞退修会中，以奇妙的方式答允了我们一切的祷告。

首次冬季退修会

恩泉堂青年团契在离中国边境不远之处，订了间郊外小教堂作三天聚会之用。锡安礼拜堂除了地面一层有些长板凳以外，还有个 U 形露台，让我们用作男、女宿舍。我们在两边各架起铁线来，在其上挂上几张床单和毛毯，把两边分隔以保隐私。其实这也没什么大不了，因为我们大多睡在露台的长板凳上，而且身上的睡衣，就是日间所穿的那些衣服。

退修会的主题是启示录12章11节："弟兄胜过它，是因羔羊的血和自己所见证的道。他们虽至于死，也不爱惜性命。"这群年轻人每天早上都安排了颇长的时间作个人灵修之用。对于繁忙的学生来说，这样宁静的乡村环境实属不可多得。接着有早堂信息，然后有小组查经；下午是自由时间，让营友在晚堂信息以前休息、默想、玩乐或团契。

复兴终于来临

委员会在最后一晚的晚堂聚会后，安排了营火献身聚会。晚饭后，一个女生提议，我们应到附近的亭子去，先为快要进行的晚堂聚会祷告。我们八个女孩在那儿祷告时，圣灵开始感动我们恳切祈求。晚堂聚会快要开始了，我破天荒用中文来祈祷，试图结束那次祷告会，却没奏效；我一祷告完，其他女孩就接着一直祷告到那次晚堂聚会完毕，然后齐集到营火旁。出席营火会的各人，只要把一根柴枝投进火里，就可跟众人分享神如何藉着这次退修会引领自己在顺服的路上迈进一步。

圣灵责罪

营火晚会一开始，我就被当头棒喝，被圣灵责备起来。我在教英文主日学时，曾经在处理献金时没有克尽己任。当时经济甚是萧条，学生们非常贫困，各人的奉献约为港币一角左右。我会把他们的献金丢进我的钱包里，跟自己的零钱放在一起，并会用纸条记下他们奉献的总数，每次主日约有一元二角。有时候我会把那纸条弄丢了，因而要补回款项，以补救自己的粗心大意。然而，关键并非在于款项最终有多少，乃在管理神的金钱上，我做了不忠的管家。我羞愧得不敢承认，也不懂用粤语词汇告诉那些主日学生。不过，我必须顺服圣灵的催逼。我站起来，说明我心中的罪责，却苦于无粤语词汇认罪。我承诺会第一时间在宣教理事会面前以英语自白，后来也确实如此行了。随即，团契的团长黄求道站了起来，在闪烁火光中坦白地承认她曾向团契撒谎。有一次，他们投票欲更改团契聚会时间，结果票数持平，为了达成她的个人意愿，她就刻意把其中举起投票的手多数了一遍。"就是这样，我这身为团长的向你们撒了谎。你们会原谅我吗？"

星火蔓延

那晚余下的时间，直至聚会结束，团友们都在承认圣灵给他们显出的罪行来——说长道短、抱怨、心存芥蒂、撒谎、嫉妒等。大会随后再给他们时间，让各人处理彼此间的问题；流泪、拥抱、宽恕的情景不时出现，情况延续到凌晨二时。随着神的爱在团友中间涌流，各人前事不计，关系重回正轨，当中气氛的转变实在叫人赞叹！所有年轻人都带着改变回到城里、家里、教会里去。他们跟牧师、诗班长之间的关系也一一校正，全教会都改善了，成果影响深远。

只有神的灵才具如此大能，燃起了这复兴之火。对我这名略略掌握当时形势的宣教新丁来说，这经验异常宝贵。我领会到长时间专心祷告的价值，又体验到跟忠心祷告伙伴彼此分担是何等重要。

难忘的澳门之行

连我在内，宣教会中共有五位单身女宣教士，我们一相聚就会找些乐子，尤其在那三位在宣教会中工作的女孩也来时，我们就更会狂欢一番。Martha 是恩泉堂的牧养干事，常常记挂她那住在澳门、拜偶像的姐姐。澳门是葡萄牙的领土，从香港出发只需一夜航程即可到达。Martha 的姐姐苏太太曾邀请我们全体女孩到澳门探望她们，一起用餐。苏太太在人际方面非常友善，在属灵层面却心甚刚硬。Martha 提议我们八人找几个周末早上为苏太太祷告，求圣灵预备她的心，我们照着办。过了六个星期的宝贵联祷时光，Martha 说："我感到是时候应约了。"

我们定了日期，晚上登上一艘有卧铺的船，第二天早上就抵达澳门，并先到苏宅去报个平安。他们热情地邀请我们那天晚上一同用膳。那天日间，我们在澳门旅游，造访了当地的名胜。澳门是葡萄牙的殖民地，住的多是中国人，城市本身则以赌场数量闻名，长久以来都以"东方拉斯维加斯"见称。城中一个天主教教堂的遗址也叫澳门引以为傲。教堂只残留华丽的前壁，顶部有十字架指向上空。就是这教堂上的十字架，令多年前曾在香港任职的一位基督徒港督，在乘船经过澳门之际，受触动写下了一些字句，后来成了《荣耀宝架》这古老圣诗（宣道出版社，《生命圣诗》134 首）。我们带着复杂的心情造访这旅游胜景。对于十字架所代表的信息，遗址现今留下来的，就只剩外壳一个。我们乘出租车环岛一周（日后我也试过骑脚踏车环岛游），很快便走访完了所有的葡式建筑和旅游名胜。

那天黄昏，我们到苏宅去赴晚宴。家中那没涂上油漆的地板被擦洗得几乎变白，放置偶像的大神龛上供奉了食物，全屋弥漫着向偶像烧香所发出的烟雾。我们一行八个女孩跟苏氏一家围着大圆餐桌而坐，一起吃这顿特别晚餐。我们一面为食物祝祷，求神赐福，四周却燃着给偶像烧的香，并充满浓烈的烟雾气味，情况相映成讽！

不寻常的一顿饭

我们吃的那顿饭共有十二道菜式。这家人一度富有，如今风光不再；他们却竭力张罗，为给我们丰富的一餐。他们最看重的是首道菜式。一道丰润多汁的天津大白菜煮肉羹（编者按：即粤菜龙虎羹），上面撒上天竺牡丹的花瓣。我从未吃过蛇，虽然皮已去掉，蛇鳞的印记在蛇肉上仍然清晰可见！那是条身价很高的毒蛇。他们认为蛇毒在蛇骨之中，因此要花上一天的工夫来预备这菜式。他们仔细地把所有的肉都撕下来，不让一根蛇骨留在碟中。若苏太太没有告诉我同煮的是猫肉就好了！

苏太太把龙虎羹舀到我们的碗里时，我们这些单身美国女孩连互相对望一眼都不敢。我决定立时把羹一股脑儿喝下肚子里去，而不作细味品尝。但这决定倒是大错特错，他们要给我们再添一碗！"味道好么？你喜欢吗？"我们无奈赞好；身为客人，我们不能只吃过十二道菜中的第一道就说饱。我把那第二碗羹留着，直至他们拿走那道菜，把另一道端上来。那羹到底好喝吗？矛盾的情绪叫我无法客观地回答。

跟瞎子说理

除了龙虎羹外，这顿堪称美味的晚饭过后，Martha 就站起来，正式跟她姐姐苏太太述说耶稣死在十架上、流血，是为我们的罪付赎金；我们的罪可得赦免，重新以神为父，恢复双方爱的关系。苏太太的回应让我震惊。她说："我一直观察，我们九兄弟姊妹中，就只有我和亚聪未信耶稣。我实在看见你们的生命改变了；所以，我相信你的神是真的。"哇！我没想过事情会那么顺利；然而，跟着下来她的回答却叫我仿如被浇一桶冷水。她说："不过，我一生都在拜这些偶像，没理由现在要改。我承认你的神是真的。"面对这种逻辑思维，你拿她怎么办呢？我在心中祷告，求神赐我智慧如何回答。

然后，这个意念在我脑海出现。我用有限的广东话问她说："苏太太，就拿你给我们摆上的第一道菜来举个例，假若我们说：我们看见你全家都很爱吃那道菜，因此相信那一定很美味。不过，由于我们从来都未尝过猫肉或蛇肉，我们就认为现在没理由要吃；然而，我们却深信那都是美味佳肴，因为看见你们吃得有滋有味。你会相信我们的话吗？"她微微一笑，说："不，你没吃过我不会信。"她心领神会了。

Martha 自幼在拜偶像的家庭长大，明白佛教的来龙去脉。我们美国人听着中国人向其同胞见证主，感到十分有趣。她们看来在绕圈子的时候，Martha 就恳切地跟她姐姐说："这信仰绝非信与不信无关痛痒。根据神赐下的书说，有永恒的地狱在等着那些拒绝接受耶稣在十字架上牺牲的人。"苏太太回答说："那么，做基督徒的动机不是很自私吗？为了要逃避地狱啊！"她的理论叫我感到困惑。

再次祷告求神赐回复后，我说："我知道你给我们奉上的第一道菜，花了你很多金钱和时间，那是你特别为我们烹制的，我们十分感激。假设我们刚才告诉你，我们认为把那盘菜全部吃掉很自私！你会有什么感觉？关键不在于我们吃了等于自私，而是不肯吃等同让你丢脸。神差祂儿子来为我们死，代价远比你为这道菜付出的多！若你拒绝接受祂儿子的牺牲和永生的礼物，祂会作何感想？"

我们回家了。苏太太的心当时并无明显转变。不过,她有位当天不在场的女儿是我的好友,又是基督徒,她后来告诉我,她母亲跟她述说了多遍因那第一道菜引发的不同实例。后来我们接到苏太太的来信,请求我们回去帮他们把偶像烧毁!我们中间两位女宣教士跟 Martha 回去做这事。苏太太恐怕鬼魔会报复,于是把三岁大的孙儿交给朋友带到他们的房子去。另一方面,Martha 几个人就花了数小时,把所有偶像和相关用具都找出来,一并销毁。那跟他们同住的小孙儿回家以后,就向所有到他们家去做客的人宣布:"我们已把偶像烧了,现在敬拜真神了!"我想,若我一早知道吃猫肉和蛇肉能带领人信靠耶稣,那我就甘心多吃几碗了。

这是五十年代初在我的首个任期中值得纪念的事,但此事还有后续。

谢谢光临

现在让我们先跳到四十多年后的 1997 年,也就是我即将退休离开宣教生涯的那一年。那时候,香港播道会的堂会数目已经增加到约五十间。他们安排了一个全天联合大野餐来庆祝,地点是邻近中国边境的一个公园。

在参加的人群中,有对四十来岁的华人夫妇带着孩子们来,他们找到我后就自我介绍。那父亲解释:"那时你们一群女孩到澳门苏太太的家去领她信耶稣,除偶像。我就是当时她那三岁的孙儿。我祖父后来也信了主,并且夫妇俩人都受了洗;所以我是在基督徒家庭长大的。现在我和太太都是信主的,子女也就拥有来自基督徒家庭的祝福。我只是想跟你说句'谢谢你光临'。"

这仿佛是神在我宣教事奉的尾声给我轻轻提醒：我的辛劳没有白费，祂的话决不徒然返回！我们的事奉既蒙了膏抹，就将会继续结果，祝福别人，并会跨越我的世代，延续下去。顺服祂的呼召，献上生命，随时候命，让祂使用，我选对了！

这些都仅是我在香港的首个任期中，随手拈来几个我亲眼见证神是何等信实的例子而已。相对于往后四个十年里神早已为我安排好，那些更叫人惊讶的经历与祝福，这些都只是前奏。神赐我的福气实在让我难以置信！

二十三岁的德理（当时已大学毕业）

第 4 章

故乡与海外

诗篇 90：12-17

12 求祢指教我们怎样数算自己的日子，好叫我们得着智慧的心。
13 耶和华啊，我们要等到几时呢？求祢转回，为祢的仆人后悔。
14 求祢使我们早早饱得祢的慈爱，好叫我们一生一世欢呼喜乐。
15 求祢照着祢使我们受苦的日子，和我们遭难的年岁，叫我们喜乐。
16 愿祢的作为向祢仆人显现，愿祢的荣耀向他们子孙显明。
17 愿主我们神的荣美归于我们身上。愿祢坚立我们手所做的工——我们手所做的工，愿祢坚立。

第一次回国述职

　　四年来，我在恩泉堂全力参与帮助那群宝贝年轻人，要跟他们暂别一年回乡述职，还真不情愿。由于当时香港除了一些工业学院和师范学院外，就只有香港大学及中文大学，所以这些学生能在香港继续升学的机会不高，他们不少因而开始寻求海外进修的机会。首次回到美国述职之时，我做梦也没想过，那群我亲爱的恩泉堂青年，就是深受那次复兴的影响的一群,其中很多人竟然最后也到了美国,一部份在洛杉矶一带安顿下来。他们后来成了一间植堂教会的核心成员,现在称为罗省华人播道会(Monterey Park Chinese Evangelical Free Church)。

逆向文化冲击

第一次述职时,我经历到一些逆向文化冲击。我在洛杉矶登上机场公共汽车,付了车费,正准备坐下来时,司机喊着说我没付足钱。"我给了你一元。""小姐,你只给了我五角!"糟糕!我的五角美元看来像个一元港币!我向他赔了不是。

我从洛杉矶机场大巴下来,两个胳膊分别挟着两个行李箱,试图横过一条繁忙的公路。还好,路上没车辆行驶(起码我这样想),却没想到我是照着香港的交通走向,把方向看错了,我几乎被大量正在逼近的车辆撞倒!终于走到公路中间的安全地带,却又在另一边重蹈覆辙。至此,我已身心疲惫,冒着汗,直至走进预订了房间的小旅店。进到房间后,我想找水喝,但只见一只用玻璃纸包着的杯,却没有水瓶。我觉得自己渴得要死,于是按铃召唤侍者。我问他:"这儿有水杯,但水呢?""水龙头,小姐,水龙头啊!"他手一指。我忘了,在美国从水龙头出来未经煮沸的水是可以饮用的!

我感到有点紧张不安,决定到楼下地面那层去随便找点吃的。既然想到底层去,于是我就按下升降机中的 G 键(编者按:G 是 Garage,"车库",但作者误以为是 Ground Level,"底层"),谁知,我最后竟然到了车库!其后,我知道有些华人朋友住在那儿,我需要重新投入叫自己感到自在的文化里去，所以决定要联系他们。我打电话给问讯台寻找他们的电话号码。接线生说："大写 4 （Capital 4）……"我总觉得自己有点地方搞不通，于是打断她："接线生，大写 4 怎么拨呢？"天啊！她忍俊不禁。其实那时在美国，"Capital"一词是地区编号！（编者按：Capital 一字也可解作大写，所以，作者误会接线生说〔大写 4〕。）

身体检查

我取道芝加哥回明尼阿波里斯的家去。我该先在那儿接受雅保罗医生—— 一位热带疾病专家——的入境身体检查。我跟他约了周五早上见面。他告诉我，他那周五中午就要离开，一星期内都不会回来。因此，那约好的时间是见他的唯一机会了。那天早上，我在等加里福尼亚大道上的公共汽车，看见一起等车的人越来越拥挤，担心就算车子来了我也挤不上去！

太好了！我看见有辆出租车正驶过来，车顶的拱形灯是亮着的。我听说过在美国坐出租车很昂贵，然而这次我认为值得。我冲到街上去，不让任何人先抢到它，我一手抓着后座车门的手柄，一面对司机说："北中正街 639 号，有劳。喂，你的后座车门上了锁哩！"那司机咧嘴大笑，说："我是警察！"那边，公共汽车站的人群也在笑。我恨不得找个地洞钻进去。文化冲击！你明白了吧！我相信神也有幽默感。

我到达明尼阿波里斯的播道会总部时，他们给我一张播道会的美元支票作旅费。要回到我在威斯康辛州的家，我还要乘公交车或火车往北走八十英里。由于那时已近周五黄昏，播道会总部已给那周结了账，因此没有现金。"我想你可以在代顿银行地下那层把这支票兑现。"我不够美元现金买公车车票回家,所以急不可待要把那支票兑现。在代顿银行的柜台窗口,我满怀希望又诚惶诚恐地把支票递了过去。那位出纳员有点疑惑,把它端详了好一会儿,问:"Denomination?"我满怀希冀地回答:"自由福音派(编者按:即播道会)。"她向我无奈地翻个白眼,再问:"你想换 5 元、10 元,还是 20 元面额的钞票?"我硬吃了这记闷棍。她当然不会关心我的教会背景!(编者按:denomination 可指〔宗派〕或〔钞票面额〕。那职员其实在问作者要把支票兑换成什么面额的钞票,作者却误以为她在问自己属哪个宗派。)

回国述职的喜乐

这一年述职期间,我四处到不同教会及家庭去分享,特别是分享香港的播道会恩泉堂复兴的负担,以及神怎样以不可思议的方法应允了我的祷告。我在家乡遇到很多热切的信徒,他们很乐意花时间来参加晚上举行的宣教聚会。我分享神如何以复兴触碰了我们的生命,而在家乡这边不少的人也同样在寻求被神触动。

我回国后几乎每晚都有聚会,在风尘仆仆中,我的述职期过得很快。我计算过,六个月内我睡过九十张床!我猜我所睡过的床和更换过的床单,数目比英女皇睡过的还要多哩!

神安排的偶遇

述职期间,我经历到一些神的安排,叫人啧啧称奇。以下是其中一例:我要跟若干位宣教士出席为期一周的"循环"差传会议。这些会议会轮流在北达科他州的法高（Fargo, North Dakota）、明尼苏达州的摩尔赫（Moorhead, Minnesota）及胡法顿（Wolverton）举行。

在这以前，我只在香港的九龙一带三平方英里范围内，驾驶过四汽缸引擎手动变速的福士甲虫车，这跟述职期间的驾驶经验颇有差别。我这时要驾驶的，是辆具备电动制动器、电动方向盘及自动变速器的城郊厢型车。我担心万一按错操控板上的键，会被弹出车外哩！我显然感到茫然。

我被安排住在摩尔赫一个家庭中，然后穿梭在摩尔赫及法高两地之间，参加聚会一周之久。最后一次我要出席在胡法顿举行的主日崇拜，那地点在摩尔赫南面二十英里。按行程安排，我本当在那第一主日早上八时半在法高教授成人主日学，随后在崇拜中证道。

他们给我一张手绘地图，指示我在摩尔赫驾车从九十号州际公路（I-90）横跨河流到法高去，地图也显示了沿途我应看见的景物。可是，我却不知怎地在第一个写着"90"的绿色路标那儿就拐了弯，完全没有察觉那其实是九十号商业干线（Business 90）。不久，我发觉所见的景物跟应该看见的不同，毫无疑问，我迷路了！那时还没有手提电话，附近也没有在主日早上八时就开业的加油站，让我可以借用电话。我知道那班主日学学生在等我，却无计可施。向着错误的方向，无论驾驶得多快都无济于事，我于是把车子停下来，下车祷告，求神差派一个驾着小旧车的老太太经过，叫我可以安全地上前打个招呼求求救。噢！神何等快就回应祷告。果然，一位小个子的老太太正把车子驶进来，速度慢得可让我叫停求助。她是否知道播道会在哪里？"不在这一带啊！"她大声说。她把客座那边的车门打开，让我能把地图递过去给她研究。她指示我往另一方向，然后便驾车离开了。我当时没发觉，我竟然把皮包遗留在她车子的前座上！结果，钱和电话号码都没有了。我心中交战，按着她所指示的方向前进，下定决心不要像平日那么紧张，否则仇敌魔鬼将会得胜，我也会在将要讲授的课程或证道中失去灵力。我一面驾车，一面高声赞美神——我是祂的孩子，祂会为我负责。我绝不让自己为迟到和迷路而担忧。

突然，我看见一个已经营业的加油站，就决定给那个教会打电话，向他们保证我已在途中，并再三核实我所得的指示。我需要个硬币来打电话，于是到处找我的皮包。究竟到哪里去了？我哪里都没到过啊！我不能再浪费时间找皮包了，也许他们会让我借用电话哩！我跟他们说因为找不到皮包，所以没有硬币使用收费电话，可否借用另一电话，他们说："不行。你只要继续向前，就会找到那个教会。"他们把我看作一个吝啬鬼啊！

我把车子驶进那教堂庭院，仅仅迟了几分钟。赫思迪牧师（Rev. Dick Hess）已在外面门前等我。"德理，你迟到了。"我回答说："我知道，我到这里来的途中迷了路，又因此弄丢了皮包！"（我不敢相信真的丢了。）我们一起走上教会的阶梯时，他说："你的皮包找到了！"我问："你怎么可能知道我丢了皮包？"

他告诉我，那位老太太来电话，说在她车子的前座上找到个皮包，皮包中没身份证明文件，但竟然有双筷子！会是外国留学生的吗？当时他们一家人正在团聚，于是全家一起尝试解开这个在她车子上的"神秘皮包"谜团。她那三岁的小孙儿问她："奶奶，今天有人走近过你的车子吗？"

对啊！是那位询问怎样前往播道会的年轻姑娘！她遂查询电话号码，给教会打了电话。

我的心因神的美善和看顾而溶化了！我告诉赫牧师，对我来说丢了皮包并不罕见，但能够寻回却十分罕有。噢，这可能是个神所预定的约会呢！于是我请赫牧师那天下午让我一同前去取回皮包。神会使用我接触那小个子老太太吗？

那天早上讲课时，我感到身上有不寻常的恩膏。我很高兴自己没有让仇敌魔鬼把我的平安夺去，也没有慌张到给魔鬼留地步。虽然那天我没想过也没提及筹募经费一事，主日学里一名学生却在课后向我走过来，提出希望加入我的团队，在经济和祷告上支持我。后来，他确实应允了要奉献一笔可观的金额来支持我，并且尽忠兑现承诺，直至多年后他离开人世为止。主对我的心说："我值得你信靠，对吗？因为你在无助与迷路之时仍信靠我，我就为你找到皮包，又赐你一位新的忠心伙伴。"本来，仇敌魔鬼可藉着忧虑把这一切都夺去。

赫牧师驾车载我去取回皮包，我又跟那位小个子老太太重逢了，她真的帮了我一个大忙。车子驶进去时，我在那乡村邮箱上看到她的名字。我谢谢她帮我找回皮包，又邀请她出席当天晚上我在播道会举行的幻灯片讲座。"噢，不用了！我属于……"她告诉我另一间教会的名字。

随后的周三晚上，我再次参与法高（Fargo）的宣教会议。现在我知道回程该怎样走，但在夜里驾车回摩尔赫比日间困难。由于那城正在重铺街道，所有路标都被拿走，那可是我需要的啊！我决定把车子停在前面的加油站，那儿灯火通明，可让我重新查看指示。我驶近时才发觉那根本不是加油站，而是整间以玻璃围着的"好味冰"冷饮店。不管怎样，我走到窗前灯光下复核指示。在那里，我又碰上那位小个子老太太。不过，这次是在摩尔赫(Moorhead)！她发现我又在拿着手绘地图查看指示，于是就大笑起来。这次我走对了方向，但路标没有了。她邀请我进去见见她的女儿和女婿，也就是这家"好味冰"的店主。那时夏天的旺季即将结束，老太太在店里帮忙。附近一所大学的活动已近尾声，他们正等待那里的学生前来光顾。我谢谢她，继续上路。嗯，真奇怪，竟然在另一城中重遇那位女士！"主啊，祢有什么计划？"

第二天我听说基督徒妇女会（Christian Women's Club）将在周五举办一个午餐聚会。我记得在法高乡村邮箱上那老太太的名字，于是查到电话号码，致电邀请她作客。不行，她在女儿的"好味冰"做季尾冲刺，忙得不可开交。好的！主，我已努力尝试过。

主日早上在胡法顿播道会讲完道，我站在门口跟牧区的居民握手。有对似曾相识的夫妇走过，我却记不起他们是谁。他们说："好味冰！"原来他们是那小个子老太太的女儿和女婿！他们给我一张十五美元的支票，奉献给我的神学院！"你们在这教会聚会吗？""不！但我们的女儿在这里聚会，我们偶然也会来。"我告诉他们，这教会当天晚堂崇拜前，会有自携食物晚餐聚会，在崇拜前我会放映一些有关香港的幻灯片。他们说很想来，但必须先做完"好味冰"的旺季生意。

教会的自助午餐一向很受欢迎，这次也不例外。当众人用餐后，去楼上参加晚堂崇拜时，"好味冰"夫妇出现了。

他们刚做完一轮生意，及时赶来。他们取了食物，丈夫就站着跟几位男士交谈，我就坐下来招呼那正在吃东西的妻子。"你们偶尔会来这教会，对吗？""对，我们的女儿来这里，不过这教会跟我们的很不同。"我没有时间谈这些琐碎事，楼上的崇拜快开始了，于是我单刀直入："你能否肯定你是神的儿女，能够上天堂？"她丈夫听见了，走过来一起交谈。她答道："有时我有把握，但有时却不然。""那你想确定吗？""想！"他们同声回答。那天晚堂崇拜开始前，夫妇二人都有祷告，承认耶稣基督为救主。他们成为神的儿女，后来更是那教会的忠心会友。

这就是神引领我进入祂的计划——用这么意想不到的方法，容许我在前往聚会地点的途中迷路；容许我把皮包遗留在陌生人的车子上；又任我把一间冷饮店误作加油站……并任由我的信心被考验。这位神，毫无疑问可信可靠。祂容忍我们把事情弄得一团糟，然后就化腐朽为神奇。噢，我们服事的神何等伟大。

作媒

感谢神，述职期间我还有时间跟家人在农庄团聚，也能到明尼阿波里斯去探望哥哥。远在我离家到工场去以前，即介乎6月大学毕业至9月乘船到香港之间的数月，我为哥哥做了点事——作媒。我安排了在惠顿的一位很要好的同学郝珍恩（Jean Krager），到威斯康辛州我们家的农庄来度假一周。我选择了请她在哥哥放假时来度假，"让我们可用他的车子！"我为撮合他们所付出的努力没有白费，四年后我回来述职，哥哥跟我这位好同学已经结了婚，并且有个一岁的儿子。亦因此，在宣教会总部所在的双子城中，我有住宿之处。

诗篇 8：1，3-4

1 耶和华——我们的主啊，祢的名在全地何其美！祢将祢的荣耀彰显于天。
3 我观看祢指头所造的天，并祢所陈设的月亮星宿，
4 便说：人算什么，祢竟顾念他？世人算什麽，祢竟眷顾他？

简短的新任期

我回到工场去开始第二个任期之际，求神带领我到合适的事工服事。我做梦也没想过会是文字工作——在我看来沉闷的工作。别人告诉我香港的儿童刊物市场充斥着不雅的读物，孩子们付出几分钱后便可沿着街道坐下来，细读那些荼毒人心的书籍。那时，本地的播道会文字部正开始制作一本很精美的福音性儿童月刊《儿童之友》。为了配合成本，我们必须大量印制，可是却难以吸引教会内的家长订阅，孩子们爱看这月刊，却没有钱买。月刊亏损的情况持续恶化；最后，在一次文字部会议中，有成员提议把月刊结束，因为订户太少，成本变得太高了。我为月刊求情，把结束的决定推后一个月执行。我们一起祷告，又个别祷告，祈求未来一个月的销量会有突破，又求神给我们智慧，开拓读者市场。

订阅的突破

这个负担一直压于我心。一周后，当我驾着我那福士甲虫车经过九龙的洗衣街时，看见一所很大的小学，我兴之所至，把车子泊在人行路上，然后走进学校。在那里，我碰到一位清洁女工，从她那里打听到该校校长名字，最

终我被领到校长的办公室去。我跟他提及市面上那些荼毒儿童心灵的书刊，他很同意我的话，而事实上这也正是他所关注的。我告诉他，我们的宣教会正在对症下药地做工作，我把一些过往的《儿童之友》期刊给他看。我即兴地向他毛遂自荐，说自己随时可再来，在学生早会中给他们讲述刊物内那些既建立德行又引人入胜的故事。对这校长来说，有位讲广东话的外国人到学校的早会来演讲是件新鲜的事，他于是一口答应。这是一件非我计划的神的事。

时间上配合得刚好，因为这正是农历新年过后。在新年里，所有中国孩子都会从已婚的长辈那里获得压岁钱（编者按：粤语"利是钱"），这是全年中唯一一次，孩子们有余钱可花。一周后，我带着一叠订阅表格回到那学校去。我把最近的期刊中那最吸引人的封面放在上面，另加一张订阅表格，表格背面是一封给家长们的信。在早会中分享时，我给他们讲了个很容易在刊物中找到的福音故事，并告诉他们一周后再回去收集订阅表格。

压岁钱

因着压岁钱之帮助，订阅数目大增。"主啊，谢谢祢！这方法的确行得通！"我开始以这方法，在一间又一间学校的早会中分享及推广。这是一道"敞开的门"，我们既可传讲福音又可招募更多《儿童之友》读者，让他们每月从中接触到福音消息。有我那四汽缸手动变速的福士甲虫车（我叔叔的礼物）的帮助，我可以四处到不同的学校早会去演讲，有时一天多至五场！神应允了我们的祷告，给我们新途径推广这刊物，又能跟不同学校里数以千计的孩童分享福音。由于香港当时被英国管治，这些又多是私立学校，我们在当中强调宗教因此不成问题。

后来，《儿童之友》订阅数目增至四千以上。它不但没有在五十年代停刊，反而继续为基督接触孩童超过五十载。很多人因而决志信主，不少我们的神学生及其他香港的牧者，都见证他们第一次听闻福音就是借着这本小小的月刊。神果然垂听了我们的祷告。

离开文字事工

我述职后回到工场才一年半，文字事工进展顺利之际，一些问题出现让我被"打乱阵脚"。我本来一直为有机会用广东话到学校去向孩子们传福音而感恩，而那险些结束的《儿童之友》月刊又竟然得以继续出版，我以为自己已经找到最合适的服事岗位了。突然间，神却明显地在我身上有其它的计划。"我还愿意随时候命，为祂所用吗？"

医院事工

尽管我身体愈来愈弱及有不明原因持续发烧，我还是一直挣扎着要维持工作步伐。最终，我挨不住要进公立医院了。血液测试证明，我因为饮用了未经消毒的羊奶，而它是来自患有布氏杆菌病的羊，以致感染了布氏杆菌热病。我必须留院十七天接受治疗。

在医院里，我跟一位饱读诗书的女天主教徒同房。神父定期来为她举行弥撒。她在战时担任过护士，又当过秘书，丈夫是位战斗机飞行员。一次坠机意外后，她跟其他几位护士奉命前往失事现场捡拾肢体残骸，正当她要把资料填写在失事乘客名单上时，发现了丈夫的名字！

我们成了好友，我跟她分享福音。她议论说："你们新教徒很幸运，可以自己读圣经，我们只能听神父说。"她是一位虔诚的天主教徒。我告诉她有个更现代化、用英语翻译成的天主教新约版本，叫《公会新约圣经》(Confraternity New Testament)，上面有教皇的话，说明天主教徒可以读这圣经版本。我答应若我比她早出院，会到天主教书局去买一本给她。我实践承诺，她得到那圣经时如获至宝，她灵里实在深切地饥渴慕义。

两星期后，我回医院去取病况的最终诊断报告。我先去探望那天主教徒朋友。她已差不多把新约读完了！她的心预备好了，于是祷告接受基督，信靠祂的义，而非自己的义。

被遣回家乡

医生告诉我，医院治疗布氏杆菌热病只有一种方法，他们已用在我身上，我的身体却没有反应。"你收拾行装返回美国需要多久？"得悉我需要回美就医，我请他估计我需要多久才能治愈返港。他回答说："可能是一年，可能是十年，也可能永远都不能回来！药物对你没疗效。"我带着困惑的心情，回家收拾行李。

我曾祈求医治。神当然能治好我，但祂却从《扩充版圣经》(Amplified Bible) 中的雅各书赐我金句："带着期盼与忍耐，等候主你的神给你怜悯。"（编者按：中文翻译为译者所加。）本于祂的怜悯，祂原是会医治我的，但是，"要带着期盼与忍耐，等候……"。好吧，主，我就等候。我在家门前看见一大箱水果，上面有张那位曾经是天主教徒的女病友写的字条。她向我道谢，因为我那时曾在医院里跟她分享，带领她与主建立个人关系。好吧，主，祢让我到那里去有祢的目的，所以我相信祢把我差回家乡，也必有祢的心意！

我不在香港期间，华人同工们沿用了我的方法，前往各学校拜访，推广《儿童之友》，因此，月刊的阅户数目仍不断增长。

家乡的急难

1960年1月的一个周末晚上，我回到威斯康辛州的家。哥哥、嫂嫂和侄儿从明尼阿波里斯上来，一家快乐团聚。第二天早上前往教会前，父亲出现了点病症，于是哥哥带他到城里去看病。原来是他的心脏病发作！哥哥需要回到城中工作，我却有空协助继母做谷仓的琐事，又可驾车载她到九英里外的医院去探望父亲。积雪颇深，我就得铲去通往谷仓及柴堆小径上的积雪。我明白到神为何把我从老远带回家来，为要现身于这场家庭急难中。"带着期盼与忍耐，等候……"。

那星期继母感冒了。我让她到谷仓来，坐在矮凳上，教我喂养每头小牛的不同配方。我挤完牛奶便带她到城里看病。医生说："她感冒了。我们会让她住院三天，她会没事的。"能替代她做家里的日常工作，我何等蒙福。那天黄昏，她吃了顿丰富的医院晚餐；可是，护士去收取她的晚餐托盘时，发现她已离世了！她的心脏出了问题，现在她饱腹回天家去了。"带着……忍耐，等候主你的神给你怜悯。"神何其慈爱，为了这种时刻把我带回家里！

事实上，我等了两年方能重返香港去。我回到家里来，是为了照顾父亲。他康复的进展缓慢，而且经常要进出医院。他宁可死也不想妨碍我回到宣教工场去。住院时，父亲把字条贴于他那医院托盘的布下，藉此对医院的厨子展开追求。对方是位寡妇，跟我家相识多年，比父亲小十二岁。她告诉我说："我可以照顾令尊，那你就能回到宣教工场去。"她这样做是为了服事主。婚礼在家中的客厅举行，父亲也只能站立那么久，其后就必须再躺下来。继母把他料理至完全康复，神又让他们共享了十二年快乐的婚姻生活。婚礼举行后一个月，继母就以女主人身份，招待三十位中国学生！

在农庄重聚

离港以前，我一直在一个约有七十位年轻人的青年团契中工作，他们来自播道会恩泉堂。看见神带给他们灵性复兴，以致大家都有了更新变化，敬畏之心油然而生。我需尽快跟大家澄清，那是神的作为，跟我无关，因为当时我的广东话仍然非常有限。我到过他们的家，跟他们吃过饭，但我做梦也没想过，有一天他们会来到我在威斯康辛州的家！

不久，这群亲爱的学生就分布在加州、德州及至东海岸的不同大学里。他们"合谋"写信给我，询问可否前来我在威斯康星州的农场重聚——是一连三天的同聚，在他们开始秋季学期以前，一起团契，得复兴。结果，三十位乘坐他们合资购买的车子到来，每人只需花不到一百美元做旅费！

我要做的预备工作，是要从本地的木料出售场买板墙回家，独自完成迄今尚未竣工的"A形"阁楼储物室，好让十多名女孩子能睡在已完成的阁楼。我跟一个营地借了些床垫，她们就用来铺在地板上睡；男孩子们则睡在干草仓的新鲜干草上。其中一人投诉："那些蟋蟀从一张脸跳到另一张脸上去了。"他们从我家那在九月出产丰富的园圃里取材，在我们的小厨房中烹调中式食物。我们拿几扇门板横搁在院子里的锯木架上，充当餐桌，把食物放在其上。他们抵达的前一夜，我就从附近的湖里，捕了满满一桶子的新鲜活鱼。

父亲那时仍在心脏病康复中，又正值新婚，能再次看见并招待这么多中国青年基督徒到来，并能一尽地主之谊，真是喜出望外！

崇拜聚会在谷仓进行，三十人全坐在借来的长板凳上，又用干的麦秆铺在地上。我们的布置跟讲员霍吉博士（Dr. Voget）形成鲜明对比——这位女教授来自惠顿大学，充满威严而且老练。她是我最喜欢的老师。念大学时，她的确帮助我深化了灵命。这次，她也触动了这群学生的生命。

主日时，这些华人学生在我母会的见证聚会中分享，让会众留下难以磨灭的印象，这教会经常为这群年轻人祷告。现在，他们赞美神之际，果子就在眼前。这可能是在宣教历史上一个独特的经历。对我们所有人来说，这祝福实在太震撼了。这种安排，唯有神才办得到。祂行事奇妙，又深不可测。

六十年代的德理

父亲栩氏跟芳兰结婚-1960

第 5 章

神自有妙法

神如何说话

我相信你也同意神今天基本上以三种途径跟我们说话：一）藉着创造；二）透过圣经；三）通过见证。

以下是一个神藉着创造说话的例子：父亲告诉我，有一次他正驾驶着 1929 年出厂的雪佛兰旅行车，在内蒙沿着戈壁沙漠的边缘行走，远离人烟。就在那时，车子熄了火，无法再往前走。父亲下车检查问题时，碰上在当地独居的隐士。在检查汽车前，他先与那位隐士闲聊，问他为何要远离人群，独自住在那里？原来那隐士乃在寻找那"存在的灵"，他相信世界和大自然中的所有，都必然是那灵创造的。父亲高兴极了，于是跟他分享真神的福音——祂不但创造了世界，而且为我们预备了成为祂儿女的途径，永远享受祂的同在！

那一直藉着大自然观察神的隐士说："我等了一辈子才等到今天所听的，现在死而无憾了。"根据罗马书 1 章 20 节："自从造天地以来，神的永能和神性是明明可知的，虽是眼不能见，但藉着所造之物就可以晓得……"

不错，神的确藉着大自然说话，这启示却不完全。父亲带领了那隐士归向基督后，他的车子就能再发动起来了！这段叫人惊讶的情节，只是神"妙法"的其中一例。

第二，神今天透过圣经向我们说话，这是神最完整的启示。我们藉着从圣经中看见祂怎样跟古时的人相处，认识很多跟祂的旨意、性情相关的事。

第三，神通过今天跟人打交道，向我们说话。透过别人的见证，我们得悉神在旁人的生命里如何作工，这些方法有时很出人意外，叫人惊讶，甚至非常幽默。

我要跟你们分享一些简单故事，是我在香港认识到神作工的方法。求神通过这第三种途径，现在就跟你们说话。

以赛亚书 55:8-9

8 耶和华说：我的意念非同你们的意念；我的道路非同你们的道路。
9 天怎样高过地，照样，我的道路高过你们的道路；我的意念高过你们的意念。

自 1953 至 1997 年，我在香港服事的四十四年里，都不断地学习上述的功课。

事工原则

幸好在我踏足香港以前，神就教导了我一些宝贵的原则。

当时我正在惠顿学院念最后一个学期，预备几个月内启程前往香港。某天晚上，神教了我其中一个重要原则。那天，我吃过晚饭就独自步行回宿舍去，四周一片寂静，大片薄平的雪花悄然而落，把一切声音都盖住了。那美不胜收的雪花景致跟旧式街灯相映成趣，至今我仍然难忘。

那时，我觉得自己还未预备好到宣教工场去。我在想，如果我还未胜过自己的脾气和不耐烦的个性，我又怎能到香港去跟一个瘾君子说神可以改变他的恶习呢？我正为此事苦苦挣扎，忽然，我被周围美丽的雪景吸引，神的灵就使我想起一些我背诵过、且是针对这处境的经文。

歌罗西书 1：25-27

25 我照神为你们所赐我的职分作了教会的执事，要把神的道理传得全备，
26 这道理就是历世历代所隐藏的奥秘，但如今向祂的圣徒显明了。
27 神愿意叫他们知道，这奥秘在外邦人中有何等丰盛的荣耀，就是基督在你们心里成了有荣耀的盼望。

歌罗西书 2：9

因为神本性一切的丰盛都有形有体地居住在基督里面。

神一切能力都在基督里，而基督则藉著祂的灵住在我里面。那意味着，只要我依靠祂而不依靠自己的聪明，就可从祂得着一切需用的资源。这奇妙的时刻叫我永志难忘！我从那美景中走过，轻声对自己唱着："基督活在我心！基督活在我心！啊，何等宝贵救恩，基督活在我心！"（*Christ liveth in me, Christ liveth in me, Oh, what a salvation this, that Christ liveth in me.*）在那奇妙的时刻里，神向我保证，我已拥有所需用的一切资源。

另一关键原则是：不是我们为神作工，而是祂藉着我们作工，那才重要。我们若尝试为神作工，结果只会徒然地忙个不休，最后得到的是草、木、禾秸。我们若信靠祂

藉我们作工，祂就会成就"超过我们所想所求"的结果。这么一来，祂就会得着荣耀。

使徒行传中的首批宣教士就在书中14章27节里毫不犹疑地道出这原则。门徒从首次宣教旅程返回差派他们的安提阿教会时，报告的不是他们为神作了什么，乃是"神藉他們所行的一切事"。

我想在这里给大家的，也是同一类型的报告：并非关乎我为神作的工，乃是我看见过，祂在人生命中的作为，而且常用出人意外的方法。

回到香港

留在美国两年后，医生说我的病情已在"减缓期"，可以回香港继续事奉。我十分高兴，心想：到底这次神又为我定下什么妙计呢？那时，虽然我从未有机会修读"青年事工"课程，但我却对青年工作有负担。我决定像以往一样倚靠神，看祂怎样引领便是了。

宣教士同工们给我租下了一个属中上阶层，位于五楼的公寓，那幢楼宇每层各有四个单元。我很想知道我的邻居是怎么样的人？怎样才是接触他们的最佳方法？在这楼宇中我会有服事的机会吗？是否会有孩子每周一次来听圣经故事？有青年人吗？我会怎样跟他们来往？我为这些事询问主。

我住的地方跟我们的"差会之家"很近，那是差会为宣教士家庭建造的一座楼高三层的洋房，还有一片草地和一个由宽绰的车库改建而成、密封式的干爽储物室（用来储存述职中的宣教士的物品）。香港湿度很高，能有个干燥的地方让我们在回家述职的日子存放东西，实在非常难得。除了那些已分配出去，以及我不在时可供他人使用的家具外，我回美述职前留下的家当，都和其他宣教士的物品一样，存放于这储物室。

差会的弟兄们肯帮忙把我的东西搬出来，但要等到下周才有空协助。但由于我的寓所跟这"差会之家"只有几幢大厦之隔，我又等不及那些男士的帮忙，我就想到一个好主意：招募几个宣教士的孩子，用他们的手推车来协助我，孩子们都乐于帮忙。第一天，他们就帮忙把很多东西移了出来，包括我那张军用金属折叠小床，连同那个麦草芯的床垫。经过一整天的忙碌搬运，天将晚时，我累得连打开小床的气力都没有，计划把垫子铺在地上便睡。我把人家当天给我的钥匙全都从外套的口袋中取出，一并搁在柜子上面。

糟糕！我忘了要去把我的狗儿芭比从照顾它的人家那里接回来。宣教士同工们曾告诉我，我不宜一人独居，在其他室友搬进来与我同住以前，我必须饲养一条狗才比较安全。虽然天色已晚，我还是急冲出去，要接回我的小狗，却忘了钥匙正搁在柜子上面！门砰然关上，我没法再回屋里，我的东西都在里面，也不安全。因为大家都说男士应该能解决一切问题，于是我就回到差会之家去求助。"我们今早已经把所有钥匙都给你了！"嘉理信牧师试图用厨房刀子开锁闯入，可惜徒劳无功。在绝望中，我只有从嘉氏的房子打给消防队，诉说我的紧急状况。他们答应协助，说可带梯子过来，让我进屋。"但我有个条件，"我说："请别鸣响警报器，拜托。""小姐，如你所愿，不会鸣响警报器，但你最好回到现场，让我们知道要到哪里去。"那时已是晚上十一点，我所住大厦的灯全都熄了。

跟邻居见面

突然之间，我听见警报声。不！不可能！一辆消防车正从拐角处向我们这条街道驶过来，车上的警报器全面开动，呜呜作响。另一辆消防车、一辆运送化学品的货车及一辆救护车，全都在我的大厦前面停下来，真像跟五级大火搏斗的阵容！惶恐的住客们惊醒了，纷纷像热锅上的蚂蚁般急窜逃离大厦。我不是祷告说，想跟邻居们见面吗？我的确和他们碰面了！而且是在我搬进去的第一个晚上全都遇到。神这么快回应了我的祷告。哎，这就是神给我祷告的答复——出人意外、独一无二又叫人羞怯的方法！

消防员拿着橡皮水管从消防车上跳下来，问道："哪里起火？"我向他们解释，是我把自己反锁在房子外！我那些身穿睡衣的邻居正从楼下往这边观看之际，消防队长就进了我单元的上层，用带子吊起其中身型最细小的消防员，让他跨过六楼住宅阳台的墙壁，下到我的阳台，进到我的房子里。然后，那消防队长就转过来对我说："现在给我证明这是你的房子。上次我们让人进去，后来才发现放进去的是个贼！"地上的折叠式军用小床和草褥垫子已是铁证。

对啊，我在最短的时间内见过所有邻居，而每周一次的儿童圣经故事时间也跟着开始了。然而，神把我放在那里却有另一原因：祂要我在那栋楼宇中接触一位关键人物——一位跟我住在同一楼层，叫赵珠联的中学女生。我想跟她交朋友，但看来无论是她或她家人都怕我。若在大堂看见我，她就会溜回家里去，速度比蟑螂看见光时的反应还要快。其实，她自第一晚开始已知道我是谁，只是她还没有预备好跟我交朋友。

没有兑现的承诺

就在第二年内，葛培理（Billy Graham）计划好要到维多利亚港对面、全香港最大的运动场举行一晚布道会。这聚会宣传得街知巷闻，珠联的一些同学打算出席，她因此好奇起来。恰巧我在大堂碰上她，于是邀请她参加。令我惊讶的是，她竟然答应跟我同去。我多么高兴啊！

接受我邀请参加那聚会的人可真多，他们不但坐满我的福士甲虫车，我还要多雇两部出租车才可载下所有人。由于接载所有人需时不短，我便提议珠联在家等我，我会安排到最后才去接她，免得她在闷热的天气中跟着车子兜兜转转。

你相信吗？前往接载众人的兴奋心情，竟然令我彻底忘记了珠联！不过，神却没有忘记她。她等到最后一刻还未见我出现，几位同学途经她的住处，劝她一起前去，但她都拒绝，说自己在等许姑娘（她对我的称呼）来接她。

聚会结束，会场的人群渐渐散去，观众席都空了。这时，珠联从人行通道走下来，微笑着张开双手，第一句就是："今天晚上，我信了耶稣！"我的心一沉："你怎样来的？""坐计程车！"原来她等我等得太久了，她就自己雇计程车到球场来！我既懊恼又惊讶。那天晚上，神拯救了她，但不是因着我。尽管我失了职，神的工作却没受影响，祂的道路果然是高过我们的道路！

珠联跟我成了好友，她的父母却不许她到教会去。我郑重地跟她说明，身为基督徒必须听从父母。由于她不能上教会，我就在教会以外的地方，为她安排每周一次的查经。她背诵经文，研读圣经，灵命成长，而且很爱耶稣。多月以后，她父母的心肠软化了，容许她到教会去。她参加了青年团契，生命如花盛放。她在家中对父母的顺服令她获得自由。最后，珠联完成中学，到密尔沃基（Milwaukee）去念大学，她那一向敌对基督教的母亲也随她到美国去，并在临终时蒙她带领信了主。今天，珠联嫁给了一位虔诚的华人药剂师，有个基督化家庭，而且夫妇二人成了德克萨斯州沃施堡（Fort Worth, Texas）一间华人浸信会的支柱。赵珠联——那位我第一次因火警汽笛遇见，后来忘了接载到葛培理布道大会的女孩！神的道路果真是高过我们的道路。

获邀参与青年工作

我康复后回到香港履行新任期，求问神要带领我到哪里服事。在上一个简短任期期间因病被迫回乡以前，我曾一度参与文字工作。神现在又有什么计划给我？我在寻求祂的引领并预备随时候命。

过不多久，我收到播道会活泉堂的来信，邀请我参与他们的青年工作，我于是尝试参加他们在下周末举行的青年聚会。那次是为新朋友而设的迎新会，但总共只有六人出席。随后一个周末，仍是六人出席，可是并非上次出席的那六位。主啊，祢能使用这个聚会建立生命么？仿佛没有什么能作的。

我求问神应怎样回复他们的邀请，出乎意料地，我感到平安。虽然情况看来没有希望，而且教会离我住的地方很远，我还是决定接受他们的邀请。我为了认识那些孩子，便驾着用叔叔给我那七千美元买来的福士甲虫车，到处探访他们。整个活泉堂跟一个封闭式的阳台差不多大小，位于一幢十二层高楼宇的二楼，悬于街上的拐角处。那里竟然没有电梯！梯间狭窄，空间又小，教会因此向位于同一大厦的学校租用了一个课室，位置就在教会隔邻。我在那里开始逢主日带领一班青少年主日学，当中的出席人数很少，出席率也不稳定。

这群都是好孩子，我在他们身上寻找属灵生命存在的确据，他们当中有已重生、又在享受与神相交的人吗？我无法证实。这群活跃的年轻人中，有位叫 Peter，跟家人和几位妹妹住在教会楼上几层，我常探望他们。另一位活跃份子叫 Samuel，住在附近一幢大厦很高的楼层上。他家中有七个兄弟姊妹，虽然其中有些已经长大离巢，他的家依然人口众多，Samuel 因此无法在家中找到地方睡，于是成了我们教会的事务员，负责每次聚会前后的准备与收拾工作，夜里就睡在教会的硬长板凳上。

当年，"限水令"使得生活艰难。我们的水龙头每四天才供水数小时。我们需要储存足够的自来水作饮用、洗衣、沐浴、清洁等，直至下一次供水时间。但那些旧式楼宇的地板也不很结实，难以承受存放太多水，因此，很多家庭在既炎热又潮湿的天气下，仍要全家轮流使用同一桶水沐浴三天之久。随着跟这些孩子相处的时间久了，我对他们的家庭背景及面对的窘迫也了解越多。

在我念圣经学院的日子，有个夏天到过肯德基的山林里去实习，记得当时有位老牧者给我忠告说："德理，他日在宣教工场上，你将会与很多西方宣教士交往，他们跟你说同一的语言。然而，当地的中国人会观察着你，看你下班后选择跟谁来往，他们会藉此看出自己是你的工作对象还是你的朋友！"那番话留给我深刻的印象。我不信奉"按办公时间上班"这守则，因为我无法想象使徒保罗会如此行。而我跟他相仿，没有家庭负担。

我除了灵修、语言课、预备信息、备课，及出席宣教会议等，只要孩子们一有空，我务必抽时间与他们一起，盼望把生命倾注其中。可是，生命的更新殊非易事。

迁到新宿舍

后来，原本住在教会楼上几层的Peter一家，搬到一幢刚建成的十五层高楼里。那里有电梯，每楼层都有很多单元，最底部的两层是间巨型的国货公司，离教会也只有几幢楼宇之隔。由于Peter一直渴望跟教会更接近，我就搬到这还很新且具浓浓中式风格的大厦的十一楼去。那儿的电梯常常失灵，一旦我忘记携带车钥匙等重要物品，我便会十分懊悔，因为我要跑上十一层楼去取回。在炎夏中跑十一层楼梯，真要命！一天，我走进一部运作不大正常的电梯，当时已有两个小孩在里面。这电梯下降的速度慢得恼人，我走进电梯时，其中一个小孩用中文很认真的对同伴说："现在有她走进来，我们会下降得快点！"他们并不知道我听得懂。

Peter一家住在我家楼下几层。他有缸热带鱼，我也有。热带鱼便宜又美丽，我们都喜欢喂养，而最重要的是，这成为我们的共同话题。香港的饮用水中有氯气，所以我们要在前一天夜里储起一桶水，让氯气先挥发掉，然后我们才能给鱼缸换水。一天晚上，我储好了水，准备用来替鱼缸换水。第二天早上，我先清洁鱼缸，再给鱼儿换上新鲜净水。它们游得特别起劲，让我觉得它们很喜欢这些刚换的水。但我错了，鱼儿开始肚皮向上，"反肚"！我打电话给住在楼下的 Peter："我的鱼儿适应不了我给它们换的新鲜净水，现在危在旦夕！一定是那些氯气没有完全挥发掉，你有挥发过的水吗？""没有。"他回答说："不过你可以把你的小鱼带到我这里来，把仍活着的放进我的鱼缸里。"我依他的建议而行，却没有先把那些死掉的鱼拿走，我犯了文化上的大忌！

我在 Peter 家时，他父母都保持礼貌，我走后，他们就肆意责备他，因为他不但惹上教会，更惹上那个"番鬼婆"宣教士（即是我），她现在把凶兆带到他们家里去了：他们一家打算移民到加拿大，现在不但无法到加拿大去，家中还会有人死去！"难道你不知道吗？"第二天，Peter 的脚踏车在学校被人偷了！"看见了吧！我们不是跟你说过了吗？因为那个女宣教士，各种灾难将要临到我们的家！"Peter 难受得一晚没回家睡，遂到教会去借宿，像 Samuel 一样睡在教会的长板凳上。他母亲猜到他的行踪，于是跑到教会来把他硬拉回家，这是她头一次也是唯一一次踏进我们的教会。

Peter 太客气，不好意思让我知道我带了麻烦给他，后来 Samuel 告诉我 Peter 在家中遇到的问题，起因是我把死鱼带到他们家去。我邀请了很多人为这事祷告，然后走到 Peter 的家去，向他的家人道歉。我坦白地承认自己无知，没想过他们相信把死鱼带进家中会为其家人招来死亡。我又说不会轻看他们对邪灵的恐惧，以及撒但伤害他们的力量，因为那确实存在，而我到香港来的最终目的，就是要把耶稣来了而且已胜过撒但的这个好信息带来，所以我们毋须再惧怕撒旦。神开了路，让我可跟他们分享福音和耶稣的胜利，他们很留心地聆听。道歉过后，我便返回自己的家去。那天黄昏时，他们派最小的女儿过来，邀请我第二天晚上到他们家中吃晚饭，换言之，他们饶恕了我。

新楼宇中的新邻居

搬进 Peter 居住的那幢大厦之初，我就想过自己在那里可怎样服事神。这次，我又会在什么情况下跟邻居们相遇呢？

我的公寓狭且长，只有一扇小窗在末端。因为没有院子可以晒衣服，我就在卧室对面的墙上安上两对有槽口的板，用来放稳两根竹杆，即使我想把多少根竹杆横放在上面用来晾干衣服都可以。我用一个小水桶来洗衣服，水桶的顶盖里安装了发动器，令水桶变成了搅动式洗衣机，至于去水和拧干衣服就要靠人手了。因此，每次洗衣服后，卧室就成了个"倒挂了的雨林"，"雨水"从横搁的竹杆处滴到地上去。我洗净的衣物从没有机会看见太阳。

我的军用小床有两张粉红色的床单，我希望哪怕只有一次让它们晒晒太阳，于是我用铁线圈勾着向外打开的窗柄，用来抓紧一根长竹杆的另一端。我把床单搁在那杆子上晾干，希望它们不会被风吹走，掉到肮脏的大厦外墙上。尝试成功，我高兴地收回已经干透的床单。就在我拿走用来箍住床单的衣夹时，一阵微风把一张床单从竹杆吹起了，床单如飞毯般随风飘起，向街上飘去。我望着十一层以下，有六条行车线的马路，可以想象到若那张床单把下面一辆车子盖住，将会造成何等严重的交通意外！我是住在该区的唯一洋人，而且每张床单上都清楚地写着我的英文名字"Doris Ekblad"。

我惶恐不已地盯着那床单，还没来得及发出紧急求救的祷告，另一阵微风就把那床单吹回来，落在下层某一敞开的窗户上。我尝试算一算，那到底是我楼下多少层，但我没成功，唯有乘电梯到地面去，从下面向上数算。我还是站得太近，数点不到，于是走到下一街口，站在街的另一面，数数到底我应到对面哪个单元去取回我的粉红床单。我找出那单元后就乘电梯抵达，叩那公寓的门。住在那里的夫妇感到惊讶，没想过竟会在这楼宇里碰到个洋人，更叫他们惊讶的是，我竟然跟他们讲广东话！我说："劳烦你们检查一下窗口，看看我的粉红色床单是否挂在那里。"他们当下就大笑起来。不错，我的床单就挂在他们的窗子上。他们邀请我入内喝茶，又允许他们那年幼儿子开始参加我们的主日学及少年小组。这男孩虔诚出席，后来更带领大厦里的其他孩子同来参加在我家里每周举行一次的圣经故事聚会，那是个撒种的机会。而接触到一个关键的孩子，全因我的粉红色"飞毯"！跟以往一样，这种跟邻居认识的途径是我做梦也没想过的。神的道路，确实正如祂所说的，高过我们的道路。

从天台来的能力

我们教会四周的高楼大厦住满居民，但我们服事的年轻人数目却如此零星，相对并不合理。我不甘心！在那小撮受服事的孩子中，属灵生命的迹象也很少。他们的确在我心上。

我说服了大厦的保安把通往天台的钥匙给我。这批准实在得来不易，因为他们怕会有人上天台自杀。能离开所住之处那狭窄和拥挤的空间，以及那些四面包围着我的高楼大厦，对我来说真好。在天台，我可以眺望那美丽的海港，而且每天在那里用很长时间为那些孩子祷告。这都让我从原先的困境中得着解脱。我在天台祷告，一面敬拜主，一面摸着祂爱那群孩子的心：我求神在他们的生命中作工，又引领更多年轻人得闻福音，这挑旺了我的心灵与士气。"天台祷告"遂成为我每天生活中重要的时刻。我跟家乡那边的忠心祷告伙伴分享了这事，我相信他们代祷的支持，就是背后的秘诀，神要开始在那群年青人身上动工了。这工作的效果持续至今天，而且远超我所想所求的。

青年工作的原则

祷告之际，神把青年工作的两大原则放在我心上：

1. 耶稣基督必须是我们青年团契的主要吸引所在，而非游戏、饮食、户外或社交活动；耶稣基督要亲自成为吸引我们小组成员的明显焦点。这样，我们自然能够吸引那些灵里饥渴的孩子前来。

2. 我们要以重质不重量为目的。"主啊，求祢赐我们不单人数众多，还要有一群不惜任何代价都全然委身跟从祢、顺服祢的孩子作核心成员。"我求神先给我一位这样的青年作核心成员。

核心小组诞生

我渐渐留意到有个名叫黄莲英的女孩，她开始经常参与团契，而且每次十分准时。我前去探望她，分享我心中对那群孩子的负担，又谈到我求神赐下一名全然委身于耶稣基督的核心成员。她回答道："我想成为那个人。"我们一同祷告，她就把一生奉献给神。我开始训练她做门徒，让她背诵圣经，上圣经函授课程等，而她的灵命成长叫人欣慰。

我探望其他孩子时，会让她坐上我的福士甲虫车一起同去。我们会首先在车上一起为那些将要探望的孩子祷告。很多时候，我的车子还未走远，神就感动她要代祷。我们就这样一直祷告，有时因为时间已晚，竟然连一个孩子也没有探访到。

正当我为神垂听祷告，赐下这第一个核心成员雀跃之际，却晴天霹雳——莲英全家准备移民到美国德克萨斯州去！她那时约十五六岁，是家中唯一的基督徒，又不懂英文，到德州后，她的灵命会变成怎样？神啊，祢在搞什么？祢弄错了啊！莲英是祢回应我祷告的第一个果子，现在祢却要把她拿走？难道我要从头再来吗？我失望极了！

原来，我们青年团契的其中几位男孩早已痴痴地爱上莲英，那当然只是萌芽的初恋。他们听见她要离开，却未来得及跟她约会谈恋爱，唯有在机场哭别。莲英无声无息地在这群青少年心中，树立了一个将来女朋友的标准——像莲英般敬畏神的女孩。

三年后我回到美国述职时，取道飞往德州的休斯顿（Houston）探望莲英。我发现她成了一间大型华人教会青年团契的属灵领袖，还有很多年轻人来找她辅导。在那教会负责圣乐的传道，后来跟她结了婚，他们一家自此被神大大使用。每次我到德州去探望家人时,我都会去看看莲英,并在她的教会讲道。神对我们的活泉堂另有计划,无需莲英来承担,祂却有工作在德州要她去做。

为活泉堂的代祷蒙允了

那年秋天,由我们七间教会组成的播道会青年联合团契,正筹划举行一个联合青少营会。过去,这些营会的属灵气氛都十分浓厚,可惜活泉堂中曾参加的青年人极少。我想,只要我们能使孩子参加这营会,让他们听见神的道,又看见跟自己年纪相若的青年人是如何朝气蓬勃地为神而活,如何爱耶稣,他们的生命就会被扭转过来。不过,在活泉堂参加青年聚会的,却仍然就只有那轮流出席的三两个孩子。不错,他们已经能够自己安排聚会和领会了,聚会内容也可说是相当有趣,而且是他们受训作领袖的良机。可是,任何社交同乐会都能达至这些功能。我们的人数依然稀少,似乎也看不见属灵方面的进展。

我提议翻查主日学的旧记录,看看过去几年有哪些小孩曾出席,他们如今应是少年了。我们把他们的地址找出来,前往探望,邀请他们参加那营会。没错,我们的核心小组这次接触了很多孩子。我们首先要游说这些少年人参加那营会,然后又要说服其父母让他们来,而且要付一半费用。忙了一个夏天,最后,我们成功邀请到十八位过去跟活泉堂多少有点联系的少年人参加这次营会,我欣喜万分。为了这些孩子,我曾不断祷告。现在我对神寄予厚望,愿祂使用这营会来改变他们的生命。

不巧的是,先前我没想到会有年轻人参加那营会,于是一早答应了在青年营会举行的同一星期,到我们的小学生营会去当讲员,地点在香港另一端。糟糕!我多想陪伴活泉堂的青年人,但太迟了!我只有答应他们,那周五下午完成小学生营会的工作后,我会驾车前往他们在新界乡郊举行的营会去,跟他们共度最后一晚。

营会的成果

那周五下午我抵达营地时,活泉堂的青年们齐集一起欢迎我,而且不约而同地说,让我跟他们一起摘龙眼去。我问他们:"你们这星期收获丰富吗?"Samuel说:"噢!篮球活动很棒!我只有两分钟时间跟导师倾谈。"他对有关自己灵命的谈话漠不关心!一个女孩说:"男孩子们很顽皮哩!""是吗?他们做了些什么?""他们聚会时嚼口香糖啊!"我的心沉了。这星期,他们的生命有关键的事情发生过吗?我转向团长魏立志问:"立志,这星期你有什么收获吗?"他知道我所指,摇摇头。我再问:"立志,要我帮帮你吗?"他点点头,于是我们一起走开。那群孩子完全意识不到发生什么事,叹息说:"噢!我们想跟你一起摘龙眼啊!"

我问身为团长的立志:"你是否已真的信主?"他说:"不是,我永远成不了真正的基督徒,你不知道我在面对什么引诱!"我说:"立志,你若邀请耶稣进到你的生命里,祂就会从里面赐你力量。"他摇头,于是我说:"立志,若你肯把生命交给基督,我承诺每周拿出时间来,个别助你成长。"因那鼓励的话,他低头祷告,接受基督。祷告完了,他转过头来对我说:"别期望我今晚会讲见证啊!"那是营会的最后一晚,安排了见证聚会。

那天晚上，有很多温暖人心的见证，但讲的人中没有一位是活泉堂那十八位青年。叫我几近落泪！我曾经何等恳切地为这星期祷告，指望神会使用这营会改变生命。然而，那是我的方法，不是神的。

周末早上，我们坐旅游车返回城中。一路上，青年们的喜乐歌声满载。贴了标签的行李箱，会由货车载到团友所属的教会，让他们黄昏时到那里取回。每间教会的年轻人都在那个周末黄昏安排了见证聚会。我喃喃自语：这样子，我们在活泉堂会听到什么见证呢？我们把孩子们送到那营会去，但他们的心灵没有预备好，所以丁点儿收获都没有，真是白费功夫！殊不知有惊喜在后面等着我。

周末的突破

很奇怪，那周末突然刮起台风，且是我从未见过来得那么快、那么急的台风。街道上的路标在强风中飞荡，父母们告诉子女说："今晚不可外出，太危险了。"孩子们却坚持必须到教会去取回行李箱及衣物。当年，他们可能只有一套衣服替换。

十二个孩子出席了那晚的青年团契，简直令人难以置信。他们几乎令我们的出席人数倍增，而且都是冒着台风来的。首位作见证的是 Samuel，就是那位只留了两分钟跟导师交谈的孩子。"噢，这星期我很开心，篮球活动棒极了！不过，直至昨夜听到来自其他教会的孩子所作的见证时，我才发现自己错过了什么。请大家为我祷告，让神在赐福给其他孩子之时，不要从我身旁轻易走过。"这为我们整晚的聚会定了方向。他们一个接一个地请求别人代祷，渴望得着实实在在的属灵生命。最后，我们一同跪下祷告。这祈祷会叫人毕生难忘，扭转了他们的生命，以及整个青年团契，神触及他们每个人的生命。祷告完了，我们便听电台的新闻报道，十号风球正高悬，因此无人能外出归家。由于他们整个星期的行李都在教会，那晚我们只需把上主日学时用来分隔课室的布帘拉上，然后全部睡在教会的长板凳上即可。

进深的分享

主日早上个人灵修过后（对其中很多人来说，这是首次），有人提议说："我们各自都分享一下，今早灵修时神向我们说了些什么，好吗？"以后这成了每周的惯例，大家每主日都在主日学开始前早些回到教会，分享他们的挣扎、得胜，还有那星期从圣经中发掘到的"金子"。他们很诚实——"我这星期向妈妈发脾气，大声骂她。""我的小妹叫我气极了，我撕破了她的学校笔记簿。"……然后，他们彼此代祷，这团契生活非常宝贵又坦诚。

我不禁想：神啊，是这样的，其实我期望祢运用正常的途径来回应我为那些孩子献上的祷告，像黄莲英的感染力或用那营会来唤醒那群孩子的灵性。神啊，祢没有按我的想法，却使用了一场暴烈的飓风和一个祈祷会，还要在那营会以后，在一个根本无人应该外出的晚上。真的，祢的道路高过我的道路！

那些青年人开始请求我安排训练班，教他们怎样读圣经、带查经、跟同学分享信仰，以及跟学校里其他基督徒开展祈祷会。他们又需要认识基本的圣经教义，好保护自己避过异端的冲击。

摩门教徒

摩门教是差派宣教士到香港来的异端之一，他们逐家探访，吸引年轻人之余，又建设华丽的教堂。我们的青年人决定研读摩门教的邪说，又安排了用一个周末晚上来分享各人的发现，并商讨如何对外接触摩门教徒。某主日下午我从教会回家，发现一些摩门教徒正在我所住的楼宇逐户探访。我估计约一小时后他们就会到达我的单元，于是我就打电话招聚所有能快速到我家里来的青年人，希望他们亲身从摩门教徒口中听到其信仰内容。我给了青年们指引：只管聆听，不要争辩。待大家回去尽快掌握到摩门教信仰后，下个主日再听一遍，然后才回应。那些摩门教传道者喜见有十五名青年愿意听他们高谈阔论，于是欣然答应下主日再来。第二个主日，他们讲完第二课后，我们的孩子发问："你们肯定自己会上天堂吗？"他们并不肯定。孩子们开始讲自己的见证，直至那摩门教宣教士惆怅不已，希望他自己也得到我们这样的确据。他们的组长匆匆把他扯到屋外，从此不再回来。

青年们所要求的各种训练班，大部份都在学校假期中进行。除此以外，我还向孩子们提议说："若你们对神是认真的，渴望增进跟祂的关系，我会承诺每周个别帮助你们各人，但到时会有学校作业啊！若你们太忙做不了，那么我也就没空帮你们了。这全看你们了。"这下子也就没有人能说我偏爱谁了。他们开始来找我——学校在我家附近的会在午饭时间前来；有些会在放学后来；有些会约我在其他地方见面。过程很简单，他们会背诵记忆好的经文，分享那星期从灵修中得的"金子"，又谈谈他们过去一周经历过的挣扎与胜利。我就是这样一对一地训练他们做门徒。

经常出席我主日学课的人数增加至 25 人。我们采用不同的形式上课，例如把学生分为多个由三至四人组成的讨论小组，发掘经文的意义并探讨如何应用，然后在集合全班时分享他们的发现。要离开前往述职时，我找不到合适的人选代课，两位在学的团友李恩全和梁念生就来跟我说："不知道这话是否有点大胆，但我们在想，你敢不敢在你述职的一年里，把这班托付给我们？"我兴奋不已！今天，他们两人中那位李恩全已被立为播道会的牧师！我在撰写此书时，他正在播道会屯门福音堂牧会。

我们开始一起策划循环式青年团契聚会。我们会先举行户外或联谊活动，目的不单为了团友，更主要是方便他们邀请未信的朋友参加。我们会彼此认识、玩乐一番、尽情歌唱，然后逐渐冷静下来，进入敬拜和见证部份。其中一位团友会这样见证："今天，我们在这里都很开心。事实上，你在其他地方都可寻得欢乐，可是，我们这里有些东西是你在别处不易找到的。我们会让这位肢体来告诉你。"之后，团契中另一人就会接着讲出个人见证，述说基督怎样给予他人生意义和目的。"若你愿人生获得这个，下周末黄昏请再回来，参加一个特别为你安排的聚会，让你明白怎样才可享受这新生命，如何与神相交。"我们会以布道会跟进，然后再以其他聚会坚固初信者的信心。

学校外展

活泉堂的青年人开始向外接触他们的同学。我记得有次举行布道会，他们带了二十位未信的同学来参加。聚会结束时，他们没有就此打发同学们回家，而是各人拿张椅子，跟未信的同学一对一地对着坐，然后打开圣经，告诉对方如何寻着耶稣。多美丽的一幕啊！

我们的孩子并非全无个人问题,而且通常都跟家庭有关。以 Simon 为例,他自小被送给一位阿姨抚养,非常没有安全感。有一次户外活动中,他突然没头没脑地埋怨我,说:"你并不真正关心我!"事实却是,我发觉自己越来越爱那些代祷对象。我因为经常为 Simon 代祷,逐渐深切关怀他人生的每一方面,因此,面对他那苦涩的评价,我无言以对,只对着他流泪。那次,我虽然没有说什么话或辅导他,但 Simon 却觉察到我对他那份深深的爱。

后来,Simon 到了美国,获得博士学位后在芝加哥一所大学教授科学,更奇妙的是,他最终获选为美国播道总会的执行董事成员。他对我说:"美国播道会差了你去香港,在那边触碰到我的生命。我现在成为美国播道总会执行董事的一员,把宣教士差派到世界各地去。宣教的工作好像兜了一圈回到原位。"这是神让人拍案叫绝的方法!祂在看似不可能的生命中作了叫人难以置信的奇工。我结婚那天所穿的裙子是份神秘礼物,由 Simon 的妹妹为我缝制,从香港寄来的!

现在我要分享另一件事,即使我不开口,神仍能做工。雷振华是位高中学生,来了我们的青年团契不久,他的父亲就因患了急病离世,令他受到极大打击。由于事情刚好在他中学会考前发生,以致他无法好好温习。会考成绩不理想,五年的中学学历也就变得无用,这对他来说,前途似乎全毁了。父亲离世后,他是家庭的经济支柱,但他找不到一份好的工作。他走来告诉我这令人心碎的消息,我们就一起祷告。我在他母亲居丧之时探望过她,她开始参加我们的妇女聚会,后来她跟振华几位兄弟姊妹一起信了主。我一直把振华看做基督徒。几星期后,他没有再到教会和团契来,而且维持了好一段时间,我实在担心他的情况。有次偶然在一个葬礼中跟他碰上，我便关心地问他去哪里了，他很骄傲地告诉我，自己现在有份好工作，就是在香港其中一间大规模的酒店当行李员，薪酬不错。当时他表示不再需要教会或神了！我再次语塞，无法给他什么忠告，只是情不自禁地哭起来。多年以后，他在我们的神学院作见证，表示当时那些眼泪令他知罪。"那洋女士为何这么关心我是否继续到教会去？"他回到教会来，真正得救，又在神学院里成了我的学生。今天我在撰写这书时，雷振华正在香港一间座落于一处高楼之上的播道会堂会作牧者，这当然不是因为那些出自我口的什么智慧话。（编者按：雷牧师为现任播道会宣教同工。）

要个别给这么多青年人作门徒训练，意味着我的时间都要用尽了。我看见有很大需要，工人却太少，我于是开始向庄稼的主祷告，从我们的活泉堂青年团契中兴起全职工人。我问主说："我应求多少人呢？"最后，我决定从我们那小小的青年团契中，向神求十二位全职工人去收主的庄稼！我太贪心吗？我常常都为这令人难以置信的请求祈祷。那祷告到底能否得到回应？

魏立志是我们青年团契的团长，在那次青年营会中得救。他常表示，一生的梦想就是成为船长航海去。贵为一船之长，他便可随意航行到世上任何地方。现在神既然在他年轻时就让他生命改变，他感到神呼召他全职事奉，然而，他怎样才可获得事奉所需的训练？他的母亲十分抵挡福音，他又对母亲极畏惧。要她的儿子作传道？连提都不能提！立志跟团契的人诉说这恐惧："我感到神对我的人生有呼召，我当趁年轻力壮时奉献生命服事祂，但我太惧怕我妈妈了。你若想把花束送给所爱的人，断不会等到花都凋谢了才送吧，你必会在花还鲜艳时送出去。我该把我的生命，我的花束，趁着年轻，满有青春活力时送给神。"可惜，立志的花束凋谢了。他最后以航海为终身职业，后来还成了拥有世界最高资历的两名华人船长之一，这是个全国的荣耀！他航遍全球，却无法摆脱神的手在他人生中的作为。最后他提前退休，在加拿大温哥华的三一西方大学（Trinity Western University）接受装备。在我撰写此书期间，他已是加拿大一间华人教会的牧师了。

那团契中还有几位都进到神学院读书，后来担当全职事奉，但我无法一一细说他们的故事了。另外有些则在社会重要的岗位上忠心服事，于神赐他们的岗位上作盐作光，努力建立基督化家庭，又在自己所属的地方教会中尽忠事奉。

以 Samuel 为例：他在澳洲从事餐饮业，开设餐馆。在第一间播道会成立之初，每主日早上，他就借餐馆为聚会之用，并不时为参加者预备午餐。最后，单单在悉尼一个城市，那教会就增长成了四间大型的华人播道会。

今天，经过了数十年，我那早期的祷告——求神从青年团契中呼召十二位团友承担全职事奉——已经蒙允，他们中间有些的确一早就直接成为传道人。多年以后，那青年团契的团友一个接着一个离开条件优厚的职位，提前退休，接受装备，从此走上全时间事奉主的路，事奉年期有长有短。现在，我已能在他们当中数到满满十三位，不论服事年日长短，他们均已于香港、中国、加拿大、欧洲、澳洲和美国事奉主。神对时间掌握与行事方法，的确较我的高明得多！

Peter 故事的后话

　　Peter 跟家人移民到加拿大的温哥华,他在那儿跟可人的 Ying 结了婚;Ying 是位委身的基督徒,同样来自播道会活泉堂。他们买了间大房子,好让 Peter 的双亲安享晚年。Peter 的父亲几乎听力全失,对于福音,心也很硬。不过,Peter 还是在其父临终前领他得着救恩。而 Peter 的母亲更早信主,且活到一百岁。虽然她得了脑退化症,很难照管,Peter 一家却爱心满怀、细心温柔地在家里看顾她,待她仿如珍宝,又俨如一个易碎的娃娃。奇怪的是,每早晨这位母亲读圣经时,头脑却很清醒!

　　退休后,我特此安排取道温哥华回香港,途中在 Peter 与 Ying 的家留宿。有一次探望他们时,害羞的 Ying 告诉我,她为邻近的华人母亲们开设了一个查经班,参与的约有十二位妇女。她特别提到一位未信主的 Monica 女士:"我希望你能跟她谈谈。"Peter 提议说:"我们不如邀请她跟她丈夫 Allan 于晚饭后过来小坐,让你可以跟他们谈谈主的事。"

　　他们来了。 Allan 是个才华横溢、对哲学十分有研究的人,他不停跟我绕圈子。我没有跟他理论,只问他说:"Allan,若你知道这位神是真的,你会跟随祂吗?"他回答说:"当然会。"我告诉他如何寻找真理:"每天开始从约翰福音读起。在读以前,向神祈求,告诉祂你在寻找祂,若你发现祂是真的,你会跟从祂。然后阅读经文,在那些特别触动你的地方下面划线。当天读完后,按你的印象再向神祷告。"我问他是否愿意照着做,他说,"好的。"可是他没有。然而,Monica 却开始按那方法寻求神。

一天，不寻常的事情发生了。一位 Monica 从未认识的华人女士到她的家门前送她一盒录影带，并说迟点会回来取回。原来那是广东话版的《耶稣传》录影带，是 Monica 的母语。Monica 看了那录影带，信了耶稣。他们始终无法知道那送录影带的女士是谁，她也没有回来取回。她是天使吗？

因为现在耶稣取代了 Allan 作 Monica 生命中的首位，Allan 很生气！他不许她读圣经或到教会去，又威胁要离开她，只身回到香港。Monica 的心碎了！她因一时透不过气来，就昏了过去，Allan 就召来医护人员，使她苏醒。Allan 害怕失去 Monica，于是收回那些苛刻的话，又答应让她读圣经、上教会，他还要跟她一起去。他最终没有跟她一起到教会去，不过现在她可自由了，可以过信徒成长的生活。

另一次我途经温哥华到 Ying 和 Peter 的家里居住时，Monica 打电话来说她很烦恼，因为经常有耶和华见证人的人到她家去，企图以他们的教义迷惑她。她说："若许姑娘在这里帮我就好了。"Ying 说："她就在这儿，昨晚刚刚抵达的。"

Monica 走过来，又顺道诉说了其他问题。她年迈的母亲从中国一农村过来跟他们一起生活，而他们那四岁的儿子听到耶稣相关的事情时，就显出暴烈的反应来。他们的传道（一位播道会的前宣教士）认为，那四岁小儿可能被鬼附着！

我提议一起到 Monica 的房子去。她那四岁的孩子正在安静地玩电脑游戏。我跟那老祖母见了面。我恐怕她也许在孩子某次生病时，曾为了换回他的健康，让他跟一些偶像或邪灵"上契"（编者按：就是结为家人关系）（这在农村村民中并不罕见）。我跟 Monica 说："我们必须进你屋子的所有房间，在每间里宣告耶稣在十架上得胜了，并且斥责任何可能藏身在那里的邪灵。"我们照着行，最后按手在孩子身上，宣告耶稣在他身上得胜了，会保护他。我得知那小孩后来听到耶稣的名字时，已没有从前的暴烈反应。最后，我们为那说家乡话语的老祖母祷告。透过 Monica 的翻译，我向那老太太解说福音，她竟然立时欣然接受，信了耶稣！我怀疑她是否真的明白，因为她过去深陷在偶像崇拜中，而且因为没有受过教育，思维未经训练。然而，我错了，她坚心信主，并且成了常常见证耶稣的人！

由于 Allan 是个电脑高手，所以我就打电话到他的办事处，向他解释我将要到香港去，想在那边使用电邮，可是我却不懂如何跟那里的"美国在线"（AOL）联系，我想知道他是否帮得上忙。他说："没问题，带你的手提电脑到我的办事处吧！"他又在电话中说："说起来，那位你常常提起的耶稣，比其他哲学家高明得多呢！"稍后在他的办事处里，我们谈了一点有关电脑的事情，然后我就问他，先前那句话何解。他告诉我在约翰福音第八章，那在行淫时被拿的女人本要被石头打死，耶稣却说："你们中间谁是没有罪的，谁就可以先拿石头打他。"Allan 说，在他研究过的所有哲学家中，没有一位能跟耶稣相比。我问他："Allan，你准备好相信耶稣吗？"他泪如雨下，回答说："准备好了。"那天，Allan 也获得重生，成为神家的一份子。他跟 Monica 在灵里渐长，后来成了他们所在教会中的领袖。

事实上，Peter 虽是一位平信徒，在开展加拿大首间华人播道会一事上却非常关键。事工首先在温哥华开始，然后增长至在列治文（Richmond）开设另一间华人播道会，继而在本立比（Burnaby）、高贵林（Coquitlam）和卡加里（Calgary）开始分堂，到处接触其中数目庞大的华人居民。在我撰文的今天，Peter 的儿子 Philip 正在温哥华华人播道会做牧养青年人的传道。

这一切最初的根源，就是那么一个小得不像样，叫人难有寄望的青年团契。我发现神的作为真的是由祷告的负担开始的，祂会让我们明白祂的心意。

香港大学的学生运动

当我的布氏杆菌热病好了，回到香港时，我内心对中学生工作的负担极重，于是集中服事播道会活泉堂的年轻人。数月后，神让复兴临到那团契。我希望有些诸如"青年归主协会"（Youth for Christ）或"青年生命"（Young Life）等组织，能把基督徒学生联系起来，鼓励他们勇于在自己就读的中学里主动见证主。这将是一项跨宗派的事工，若我试图带头开始某些行动，一些教会可能会怀疑我想偷取他们的信徒。况且，我在这方面毫无经验。

约在1955至56年间，神差派了一位生于美国的华人女子黄群健（Gwen Wong）来香港，参与在香港大学举办的宣教事工。群健跟我一起住，所以我很详细地得闻神在那里藉着她作了什么。远东国际福音派学生联谊会（Far East International Fellowship of Evangelical Students）的总干事艾得理牧师（Dr. David Adeney）将到香港大学来服事其中的大学生，所以派群健作先头部队，打好根基。艾牧师过去蒙神重用，在中国的大学里带动了一场灵性复兴和学生运动。香港人引以为荣的香港大学，是当时境内唯一的英文大学，只录取本地英文中学里成绩最杰出的学生。香港大学受人尊重、大有名望，要得其门而入十分困难。

群健的任务就是尝试把大学的基督徒团契（Christian Association）变成一个充满活力的基督教功能组织和见证团体。多年来，团契都只是大学中一个官方课外活动组织，在圣诞期间化身诗班，唱唱圣诞诗歌、流行圣诞歌或酒馆歌谣等，真正的基督徒学生根本不想参与。群健的首要任务是先去帮助那群真正的基督徒学生，从圣经中重新得力，然后进到那团契去，把它变成一个在校园中有强大感染力的基督徒群体。

群健的策略是先在大学宿舍中站稳阵脚，藉着她的夏威夷小吉他跟她的独特个性，为那些真正的基督徒学生成立查经小组，帮助他们自己带领，让他们对着经文发问，如："有什么榜样可效法？""有什么命令要听从？""有什么罪恶要逃避？""有什么应许可兑现？""有关神以及祂对我人生的旨意，这段经文有什么教导？"多个类似的宿舍查经小组茁壮成长，坚固、团结了那些基督徒学生，甚至吸引到未信主的人。群健游说那些基督徒学生进到官方的基督徒团契去，加入诗班，帮助官方团契重现生命力。他们照着行，却令大学校监（也就是诗班的总监）非常苦恼，因为他们拒绝唱一些不荣耀主的歌曲。结果，校监离开了诗班，然后有位众人尊敬的虔诚基督徒金新宇博士（Dr. S. Y. King），来帮助基督徒团契。（编者按：金牧师创立香港海外差会（Hong Kong Overseas Mission），在温哥华华人播道会服事30多年，于2018年安息主怀。）

后来，拥有大学学生工作经验的艾得理牧师也来了。他们把这原本功能有限的季节性圣诞诗班，改造成强而有力、每周进行的福音集会，并影响整个校园的夏令会。这一切陆续发生的事只有一个合理的解释，就是神的圣灵运行，带来横扫校园的复兴。他们每周举行的信仰集会和夏令会，开始把十分之一的学生吸引到来参加，很多人的生命被改变过来。基督徒团契成了校园上规模最大、最有活力的课外活动，每周都有未信的学生归主，其中包括一些我所认识的学生，自他们中学时代，我已设法领他们信主了。我出席过他们一些集会，得见神在其中作工，甚感震撼！整所大学深受影响，而这复兴带来的效果，就连香港四处都感受得到。

中学里的学生运动

当年，神确实在香港学生中展开了不同层面的工作，在黄群健逐步跟大学生接触之时，我有幸与她同住，得闻神在大学中的作为，相当兴奋。我请求群健也为中学生开展些一些聚会，她却专注于大学的事奉。那时，我正在训练一位中学教师做门徒，而她又在私人指导一个在她青年团契内的中学女生。有消息传出，那女生悄悄地跟另外两位同学一起，为没有得救的同学祷告，这是令人振奋的消息！看来神正在进行祂的计划了。

倒转过来的金字塔

黄群健听到这消息后就说："人开展工作时，会先花很大气力，像座金字塔一样，最后有始无终；神开展工作时，却像个倒转过来的金字塔——通常由祷告的负担开始，渐渐变成庞大的东西。"

我跟那中学里的一位基督徒老师、我的朋友何玛莉（Mary Holland）联系，邀请她共进晚餐。群健和我告诉她，她学校里那三个播道会女孩有负担为同学们祷告的事，玛莉感到难以置信。她从英国来到这间女子差会学校当教师，就是希望发挥一些属灵的影响力。她办了个小型查经班，有几位女同学参加。可是在考试期间，却没有一人出席，她觉得随时可返回英国了。我们恳请她重开查经班时，她回答说："好的，群健，那你得答应当第一周的讲员。"她怀疑是否有女孩子来。叫人惊讶的是，竟有三十位女同学出现！从六人萎缩至不见一人，现在突然有三十个女孩，怎样的一回事？因为神在感动三个女孩，天天为她们的同学们祷告。

两周后，女孩们又相聚，这次轮到我带领了。她们不但人数增多了，有几个女孩还请求允许她们站起来讲几句话。"大家都认识我，知道我一向是怎样的。过去两星期我信了基督，祂把我的生命扭转了。基督为我做了这些事……"她们单纯、开放分享，令人感动落泪。你能想象到对那些女孩的影响了。轮到我主讲时，我感到很轻松。在以后的几周里，约有十五名女孩也信了主。

若神在这中学里如此运行，那么跟我们有联系的其他中学又怎样？神在更多中学里招聚了信主的学生，每天一起祷告，又组成每周的查经班，这现象如星火燎原。那群最近获得复兴的大学生看到中学生工作的异象，于是跟群健和艾得理牧师一起，帮助中学生们策划、组织，并替他们带领两个月举行一次的福音集会。中学生们会热心地带着未信主的同学出席，比拼各校学生人数。看见有这么多同学相信基督，他们都感兴奋。

香港有一些附属于地方教会的基督教中学，其中不少教会和学校在教义上都属自由派，这些青年基督徒的福音派热诚，令他们的教会备受威胁。这些年轻人是他们教会的人，在他们自己的主日学里当教师，现在却在这些教会里传扬福音派的教导。

其中一间基督教中学的高年级学生十分渴慕神的话，于是在午饭时间于校园外聚集，一起研读圣经。他们的教会及学校高层有见及此，就禁止这群学生再举行那些查经班，甚至不准他们持守福音派的"伪"信仰。除非他们就范，否则会被开除出校。他们其中七人在念中学最后一年，艰巨的预科考试即将来临，若他们无法在那些考试中取得合格，等于中学白念了。这是艰难的考验，同学们却选择了为信仰和良心坚持立场，没有因要冒险而后退。的确，他们在如此关键的时刻被逐出了校，可能会前途尽毁。但他们所采取的立场，传到其他学校里，给其中信主的学生激励、挑战，为他们重新注入动力，委身基督。赞美神。那七位被逐出校的学生，全都在预科考试中合格，而且成绩骄人！他们进到香港大学，加入那已正在焚烧的复兴之火，使之更具能量。

这些学生的许多朋友都因而信主，当中的复兴实在叫人兴奋。这个由中学生开始，每早上低头同心祷告，又每周举行查经班的运动风潮，感染到近四十所全港最顶尖的英文中学一同参与。无论是政府学校，亦或是天主教、基督教学校都一样，学生们按情况在校内或校外进行聚会。这些热心的孩子最后进入大学，叫那些联合福音集会得救人数更多，也让那些复兴之火继续蔓延。艾得理牧师、金新宇博士和一些被圣灵充满的华人牧者的生命与信息，对基督徒团契皆是祝福。而我可以在一旁观看神在多人的生命中的作为，已感到蒙福非常！

多年来，我偶尔仍会以电话或电邮跟那学生运动中一些活跃的领袖们保持联系。虽然他们现已全都踏进古稀之年，但他们当中多位仍互相保持联系，以分享神在他们生命中的作为。撰写这段故事以前，我为求细节准确，曾向他们其中几位再三查问，并得知就是在那运动十年后，不少中学仍持续开办由学生带领的查经班哩！

从大学学生运动中冒起的扎实领袖，被神使用建立了一些组织，例如影响了数以百计香港护士的基督徒护士团契、一个基督徒教师团契，还有一个基督徒大专毕业生团契。这团契资助一间基督徒阅览室，里面有全职同工（如：杨丽春 Mildred Young）负责辅导、指引和服事学生。整个运动有如雨后春笋般发展，我们怎么做梦也想不到。后来，神差派了工作效果昭著的国际学生福音团契同工林芸伍（Ada Lum）来香港跟进这个运动，并以神的话建立这些新领袖。

为了纪念这学生运动的三十周年，很多生命深受那次复兴影响的毕业生，都从世界各地回来庆祝，把偌大的假日酒店宴会厅挤得座无虚席。他们再次聚首一堂，分享回忆，又述说自从这运动开始以来，神怎样使用了他们的人生。直至今天，香港仍有相当多基督徒会告诉你，他们是怎样藉着这场学生运动，在中学或大学时代寻着基督。千真万确的，我们见证了一个倒转过来的金字塔——那是从祷告的负担引发的。

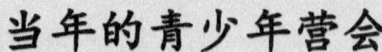
当年的青少年营会

活泉弟兄姊妹--1973
于美国威斯康星州

冬令退修会
1963

香港活泉堂
高级少年团
1967

高级团退修会
六十年代末

第 6 章

莫测的引导

神学院里的故事

60 年代,我开始在香港的播道神学院兼职教授英文及归纳式研经。我利用 60 年代末、70 年代初述职的机会,到伊利诺州鹿田社区的三一神学院(Trinity Evangelical Divinity School, Deerfield, Illinois)完成道学硕士学位,并于以后三十五年里,大部份时间以全职形式在播道神学院担任教师。

神学院的教职让我在两方面蒙福。第一,我能教授神的话,同时可沉浸其中而得福;第二,我通过参与学生们的生活,得以跟他们建立密切的关系。起初任教时,每班的人数不多,还不到十二位,所以我有机会探望部分学生的父母,并很高兴能带领了其中一些信主。后来,为平信徒而设的晚间兼读课程人数增至一百位。我最喜欢教授的科目有旧约、归纳式研经法及个人布道法。

每个学生的恩赐不同,我曾敦促当中几位格外优秀的,从播道神学院毕业后继续进修,将来回到这里来当教师。他们接纳了我的建议。神后来甚至带领了杨咏嫦校友回港,先在播道神学院里任教,最后承担了院长之职达八年之久。

另一赏心乐事,是看着好些新生入学时虽然有心服事神,却缺乏所需恩赐,然而不出三年,我们就看见神的手在他们生命中的作为，赐下恩赐，更新他们成为既热心又有果效的神仆！

70年代初，学院要面对两大危机，我们却从中看见神奇妙地实现了祂的应许。第一，神学院的发展令营运经费增加，奉献支持却严重不足。美国的播道会假设香港的播道会能支持整间神学院的运作，而我们这七间在挣扎求存的地方教会，又期望美国的教会能承担那重负，中间缺乏沟通。我们怎能在资源紧张下办好一间有素质的神学院呢？唯有仰望主的供应。当年还没有电脑或影印机让我们能跟奉献者沟通，我们只有一台格士德纳（Gestetner）滚筒式油印机。

对我们全体来说，这是个成长的良机。神给我负担，花了整个暑期来收集支持者的地址，包括美国播道会、妇女传道会（Women's Missionary Society）、我的祷告伙伴，以及所有我认识又关心宣教事工的信徒。我盼望把大量播道神学院的消息传达给他们，让他们看见神在这里的作为，并分享这建立神国度的异象。我向他们诉说心中的负担，盼望这里所训练的天国精兵去接触香港的六百万人，并有机会扩展至中国大陆。

我抓住神对亚伯拉罕的应许——赐他后裔多如天上繁星、海边细沙。"神啊，求祢像应许亚伯拉罕一样，赐我们属灵的后裔，藉这些学生的生命与事奉，引发连锁反应，培育出数不胜数的门徒。"我们所需的不单是金钱，乃是一群属神的子民作同伴，盼望他们得见此异象，与主同心，愿意持续以祷告支持我们。短短数月内，已有很多人愿意回应，随着代祷而来的还有金钱奉献，神应允了我们的祷告，很多人加入成为我们属灵争战的伙伴。我们的祷告团队扩张了，财政状况也得以改善。

在 70 年代，播道神学院的教师团队与学生还要面对另一危机，同时也看见神如何奇妙地应允祷告。学院的设施耗损严重，出现漏水的情况，是时候装修和扩建了。虽然学院此时收支平衡，装修所需费用却遥不可及。金额太大了，就算呼吁本港及美国两地的支持者奉献也不足以应付。

神因祂百姓的赞美得着荣耀。在历代志下 20 章 20 至 22 节中，以色列人正面对一场叫全国陷入困境的军事危机，约沙法王派歌唱的人走在军队前面。"众人方唱歌赞美的时候，耶和华就派伏兵击杀那来攻击犹大人的……"有见及此，我就制作了一张格士德纳油印蜡纸，盼望挑战家乡那边的祷告伙伴，一同有份于这样的神迹，就是预先感谢赞美神，相信祂会赐下这一笔唯有祂能供应的装修费用，然后一同观看祂怎样成就这事。为节省空邮费用，我把那张油印蜡纸稿寄给在美国的朋友，让他在美国代为处理。我把信封放进邮筒，祷告说："主啊，如今我们都等待看祢怎样成就此事！"神的名声已被押上。

我们无需久等，就在同一天下午，鲍会园院长收到一位香港富商的来电（跟我们不同宗派的），表示学院一些毕业生的言行叫他印象深刻，十分感动。自那时起，神把学院的需要放在他心中："若你们的神学院需要扩建或改建，把账单给我，我会付费！"1973 年，神学院主要的装修工程都完成了。这就是我们预先一起赞美神的结果。

与神探险

"充充足足地成就一切，超过我们所求所想。"（以弗所书 3：20）可用来形容某个秋日里我如何经历到神奇异的引领。这与神一起经过的历险旅程，甚至让一位未信主的中国官员总结说："必定是神帮助你们！"

事情的始末如下：那天是香港的公众假期，第二天是神学院的院庆，学院连续放假两天，这是以下故事的关键。另一巧合之处是我手上刚好多出了一个已申请而未用的中国签证（因为早前行程延误），让我可以进入中国境内。这些条件造就了这次经历。我的确是随时候命，任凭主领，无论那条路多么不可思议。

紧急来电

假期那天，周一早上八点，我收到从芝加哥打来的紧急电话，内容如下：一位来自芝加哥地区的播道会姊妹，在中国教授英文时，认识了一位教英文的大学教授，且被他的潜质，以及他面对逆境时的乐观与朝气深深感动，遂渴望把他带到美国去，在三一学院进修一年，让他能进深研习英文，并找着耶稣。她给他起名叫 Samuel。

她的教会支持这想法，于是赞助他，为他买了机票，而三一学院也录取了他。除了读书，他还能在芝加哥一所为杰出学童开设的学校里教授中国文化课程。由于他的妻儿仍在中国可作牵绊，中国政府就准许他出国去。可是，他本应乘坐的大韩航空班机到达芝加哥的奥海尔机场时，他却不在飞机上，也没有途径跟他联络得上，以了解因由。一星期无声无息地过去，三一学院开课了。

恼人的阻滞

在这期间，Samuel 正因中国官僚制度的重重关卡，行程在内地受到延误，直至他的航班已经飞离香港！这千载难逢的机会要就此溜走吗？他从那位美国教师口中听闻过天上有位独一真神，遂向祂祷告。最后，他于一星期后抵达深圳，就是那跟香港毗连的城市。在那里，他又要面对新的难题。

他手上没有大韩航空的机票，香港政府不会让他入境。他没法拿到那机票，因为它正在香港的国际机场等着他。可没法到那里去！他再次祷告。

有位好心的海关官员同情他的遭遇，给予帮忙。他替 Samuel 发了一封传真信件到芝加哥去，又打了个长途电话给他的美国朋友，解释他的困局，并留下他的联系资料。

复杂情况

那早上我收到电话讯息，就是请我到香港机场去取 Samuel 那机票，然后越过中国边境，送到他手上去。听来再简单不过，然而，那天的情况颇复杂，因为该机票已逾期，那天又是公众假期，所有航空公司的办事处都休息。

在我活泉堂的主日学班约有二十五位学生，他们分别来自不同的中学和大学，也有些在职青年，其中有位小伙子在新加坡航空公司任职。由于那天是假期，我便打电话给他，听听他的意见。他叫我别理会那大韩航空的机票了，要我到他位于海港对面的办事处找他，他会给我弄一张新加坡航空的应急机票，目的是纯粹为让 Samuel 能进入香港。

中午时分，我拿到那张应急机票，然后乘一小时列车从香港到深圳与香港的边境去。在那儿，我通过无穷无尽的重重检查，见过移民官员、卫生官员，又经过海关检测等，最后合格，得以进入中国。现在的任务是要寻找 Samuel 了。

我对深圳颇陌生，而且这里人人都在讲普通话而非广东话。Samuel 留给他那些美国朋友的地址，是他用英文讲出来的——Sam Jan Guest Hostel（编者按：这是作者的广东英文拼音，直译是深圳宾馆）。那名字的中文究竟是什么？我怎样指示出租车抵达目的地？没有人认得那英文名称，而中国人用来称呼酒店的名称一大堆，从最便宜的旅馆、宿舍或汽车酒店，到最时尚的酒店都有。另一难题是，街道的地址是交通要道，旁支有数十条小路，像蜈蚣足般分散出去，而且全部都采用那同一街道的名称！更复杂的，就是我连街道号码和酒店的中文名字都没有。

我必须先找个讲英语的人替我把 Guest Hostel 译成中文。或许在高级酒店里有人帮得上忙，于是我随口说出"酒店"的中文，告诉出租车司机去找间高格调的。我其实最想找的是个翻译。

历险

在人而言，在如此景况下寻找 Samuel 形同大海捞针，神却已替我克服了这么多障碍，例如：提早为我备妥签证，又安排此事正好在我那个月唯一有空的一天发生，并在公众假期给我提供应急机票等。祂必能全程引导我，我于是回头安坐在出租车上，准备好要看神解决难关的这台好戏。

这可是祂的难关，不是我的啊！"主啊，又跟祢再次历险了！看这次祢要怎么办。"

大海捞到针

那出租车司机在一间颇高级的酒店旁让我下车。我相信无论 Samuel 或我都支付不起这种地方。我请问讯处的女职员告诉我城中最时尚的酒店名称，希望在那里找到懂英语的人。她灵光一闪，拨了个号码，把电话递给我："电话里的是我的丈夫，他懂英语。"我问他："劳烦可否找个适合的中文词语翻译 guest hostel，好让我找到某间 hostel？"他的回应是："你为何不入住我妻子工作的酒店？"我向他解释，我在寻找某位要到美国去的学者，然后把 Samuel 的困局告知。他的回应叫人摸不着头脑："他要到美国哪里去？"我按捺着，烦躁地想：问他到美国的目的地干嘛？风马牛不相及！不过，我还是控制着自己，有礼貌地回答说"芝加哥。"

下一个问题是："他的机票是大韩航空的吗？"我惊讶得险些扔掉手里的电话！原来他就是那位帮助 Samuel 寄发传真信件及打长途电话的海关官员！大家计算一下概率：当年那城市有四十万人口，我随机地尝试，却恰恰被引领到那位曾在边境帮助过 Samuel 的海关官员那里去！

神的幽默

那海关官员在电话里说，他不知道那人入住哪家旅店，却认得他的样子，而且乐意帮忙找他！这官员是位不折不扣的绅士，一路上无论上下公共汽车和桥梁或横过繁忙的十字路口，他全程都替我拿着行李箱。

步行、乘公共汽车、爬阶梯横过人行天桥、在车水马龙中穿梭、问路、访寻……我们经过四处奔波，终于在那天傍晚，于深圳宾馆找到 Samuel，他也一眼就认出那官员。看见我手中的机票，他兴奋地失了常态，开始团团转地在大堂跳舞，一手拿着筷子，一手拿着搪瓷饭碗，反复告诉聚集在那儿的人群，他怎样向这位奇妙的神祷告，祂又如何出人意外地应允他的恳求。这骚动把街上更多的人吸引进宾馆大堂来，大家都听到他的见证。

那海关官员意识到我能找到 Samuel 的机会原本是何等微乎其微时，也难以置信地感叹说："必定是神帮助你们！"我于是问："那你是基督徒吗？"他不是。我本想答谢他连番辛劳，他却拒绝任何报酬，只接受跟我和 Samuel、以及舍友们一起吃顿便饭当作回报。

那个夜晚，我独自在女士宿舍休息，Samuel 和同伴首先热心地用多桶热水和一支硬扫帚，为我清理好女士浴室和洗手间。那炎热的夜里，我就睡在铺着草席的床板上，外面围上蚊帐。第二天大清早，我到茶楼去，跟 Samuel 和他的同伴吃早点。

吃早餐时，Samuel 不断重申他有多敬畏这位神。他的同伴说："多年前，一位老人家叫我相信神，我却没有，现在我不得不信了。"我就跟 Samuel 及其同伴分享福音。在那拥挤、嘈杂的公共茶楼里，他们两人都低下头来，心存谦卑地邀请耶稣进入他们的生命里。

回到香港，我为解决 Samuel 机票的事用上了大半天，又在市场为他买了新的"牛仔裤"和几件"T恤"。（他本来的衬衫看似在黄河里洗过的样子！）

那天夜里，我脑海里充满的，仍是过去两天所发生的那些震撼心灵、叫人心生敬畏的事，感恩、喜乐之情洋溢心间。我跟 Samuel 一起出席神学院的院庆聚会。Samuel 这位我从中国带来的客人，现在衣着得宜，又是主内弟兄了。第二天，他就乘飞机到芝加哥的三一学院去了。

随后的那星期，我回到活泉堂的"和平自修室"里，分享 Samuel 的故事。那里又有两位正在寻找神是真实存在之确据的大学生，听到 Samuel 的故事，他们最后都相信了，并信靠基督为自己的救主与生命的主，加入了神的家。我们愿意随时候命时，就会有这种涟漪效应产生。与神同行，蒙祂的灵引导，的确是一场永无止境的历险之旅。

作者在神学院的日子

在播道神学院

礼堂授课

校园灌溉

教室授课

第 7 章

途上的怜悯

回到内蒙

1972 年,尼克松总统访问中国,之后政策开始改变,中国对外面的世界逐渐开放,开始容许华侨回去探访。在这之前,门户是紧闭的。1982 年左右,我开始打算要回到内蒙我儿时的住处去。父亲在十年前过世了,离开前从未得知那一带友人的消息。那里的教会大遭逼迫之后还幸存吗?内蒙还有教会存在吗?家父一生的心血与牺牲有成果吗?我想找出答案。

由于我离开时只有六岁,不懂得怎样寻找在那里的旧居。但香港的瑞典籍浸信会宣教士黎以德(Asta Nelson),却在内蒙开展过她的服事,更曾一度在我们的宣教站住过。因为她是长大后才到那里去的,所以应该最有办法找到我的旧居,我因此跟她联系。

"嗯,'哦'(我)们可以为'遮'(这)事祷告。"她带着浓浓的瑞典口音说。我尝试在香港申请去内蒙首府的签证时,有关人士告诉我:"我们只签发到上海和北京这两个主要沿岸城市的签证。你不可能走进更深入内陆的地方去。你可以到北京,试试在那里申请。"以德写了封信给两位在内蒙出生的宣教士朋友岑奥娜（Olia Simoneonson）及她儿子乐伦（Roland）。内蒙封闭以来，他们就一直在日本工作。

七十二岁的奥娜听到我跟以德打算回去一趟，就央求说："噢，我可与乐伦同行吗？我和先生一直想回去一趟，不过，他现在已经在主怀中了。"以德说"她的心脏不好，万一她回去后遇见老朋友，兴奋起来……真不知会发生什么事！"其实，幸好有他们一起去，因为奥娜的白发配合中国人敬老的传统，让我得以进入三十多年间从未有西方人士能到的地方去。我们在等待往内陆的入境签证期间，以德的北京朋友们带我们到城里四处游览。我带了童年在蒙古拍的照片在身，由于中国人一般都很有"历史感"，所以签证部门的员工见到这些旧照片很感兴趣，拿着照片一个一个地传阅开去。我很担心无法取回全部照片，但他们答应三天之内会归还，并且到时会给我们答案。

三天后，我们获取签证了！于是我们乘那天傍晚七时半的列车前往内蒙去。我早上四时醒来，外面已经天亮了，这时是六月中旬。我看见铁路和电线旁建了公社。这片蒙古人未耕耘之地（从前因害怕会有恶灵走出来），现在已用作种植和耕作。内蒙果然进步了。

抵达目的地时，我们被领到一家大酒店去住宿。宣教士们认出，酒店的前身就是那天主教修道院。从前，这里的街道两旁均树木林立，而且楼高两层，现在已面目全非了。以德说："我们既没有地址，又不想被人知道是宣教士，要找到那教会，恐怕机会渺茫！"可是，那却是我此行的目的啊！

草原之旅

有人提出带我们越过山岭到内蒙的草原去走走。这是个观光团，小面包车上除了我们，还有其他中国游客，我们不想被认出是宣教士。我们到了一个"周五集市"上就停下来，本地人都把他们的手工艺品和货物拿到此处出售。如果父亲在这里遇见这群人，他一定会向他们传福音，不过，当时的景况不容许我们那样做。

我们经过的地方令我记起很多童年往事。预备用作冬季燃料的骆驼粪便，堆得像旁边的蒙古包（用骆驼皮绒毛造的帐幕）那样高。我们看见有辆手推车上排满了镜子的碎片，反射阳光以此烧水，而架在其上那锅水能在四十分钟之内烧开。每个蒙古包都有个风力涡轮机，发电供他们的电视用！观光团回程时，我们途经城外一座高塔，于是爬到塔顶眺望全城。

旧城里

我们发觉原来一直只在新城观光，而旧城就正好在它旁边，并且跟四十多年前我们离开时差别不大。我们尝试着找出在那儿三间教会的房顶，并问司机能否把我们载到旧城去，他说路太狭窄，但能载我们到周边附近，容我们在里面停留二十分钟。我们急步走。旧城就跟我记忆中的一模一样。以德停步向路旁一位正蹲着读报的老翁查问："老人家，你知道这城里有间基督教会吗？""有！"他回答说："他们正在崇拜哩！"有位较年轻的男士领我们到那里去。

这是周末下午五时举行的崇拜，院子里停满了脚踏车，房子里也挤满了人。一位中国男子走到门前，从里面用英文喊出来："你们是基督徒吗？"我们说："是的。""那么，进来吧！进来吧！"我们是这教会三十年以来首批外来访客，可是我们不能久留。于是我让以德、奥娜跟乐伦留下来崇拜，而自己出去"应付"那旅游车司机。

第二天早上（主日），我们回到那里参加崇拜。我本想带些父亲和我们儿时的照片到那里，却一时大意，错带了另一个公文袋！我跟他们借了一辆脚踏车，骑着它返酒店去取照片。赶回来时，崇拜已经开始了，他们留了一个座位给我。我不明白讲道的内容，却感受到他们的歌颂从心而出。崇拜完了，村民都转过来问我们是谁，我把父亲圣经的内页影印了，给他们看他的签名和一些照片。他们第一句就问："你哥哥保罗现在怎样？"原来我正遇着四十六年前跟我们道别的同一群人！我永不会忘记那个下午，他们那份倾出的爱。他们说："这是政府给我们聚会的小地方，但这教会的信徒却超过一千人，所以我们一周七天轮流来崇拜。若你要跟所有儿时认识的人见面，得七天都来！"

洗礼

那天下午有洗礼。由于政府把所有教会集合起来，所以一个洗礼会是洒水礼，下一个则是浸礼。那主日有四十三人接受洒水礼。牧者每次召呼四至五位接受洒水礼人士上前，然后逐一以配合个人化的祷告，把他们献与主，给他们洒水。时间一分一秒地过去，我怀疑这些老牧者是否熬得那么久。其中一位受浸的女士是蒙古人，她说："我听得懂汉语却看不明白。有蒙古文圣经这类东西吗？"我说我会找找看。

以德跟奥娜都认识这教会的三位牧者，而他们三人也认识我父亲，这些牧者住在教堂旁的宿舍。我这次只敢带来几本中文圣经，便带着进去。我问："你们的村民有自己的圣经吗？"他们解释，因为内蒙被视为自治区，所以他们本来有的圣经没有被充公。"但你知道，我们手上的圣经都已经旧了，而这些新会众就没有圣经。"我把仅有的几本都拿了出来，消息一下子传开了。我永不会忘记那情景：很多手臂向我伸过来，许多人走到那房间去，请求我给他们一本圣经。突然之间，我看见有位男士在屋顶上伸出头来（那里常有人在窥探），不久他挤了进来，想要一本，但我已分配完了。

我们没有真的留下来，一周七天到教堂会见以前认识的人，反倒赶着离开那地方，因为不用等到黄昏，全城都会知道从前的宣教士到访了！到时，恐怕信徒们可能会因此惹上麻烦。我们登上列车，往宣教士墓地以及我和哥哥住过的孤儿院所在的那城去，那里也是乐伦成长之地。最初他们用两辆吉普车接待我们，不过，从那段行程开始，负责接待我们的蒙古人认为，这样接待他们的第一批访客并未尽善。我们等了很久之后，他们竟然驶来一辆古老救护车来给我们代步！我们观看孤儿院时，奥娜问："孤儿中还有活着的吗？"我们队中的蒙古领导问："你能告诉我他们的名字吗？"她提出两个名字。一位老人朝我们走过来，说："噢！我认识他们，知道他们住在哪里！"在哪儿？他无法告诉我们,却能引路。于是,他应邀加入我们的"救护队"。

我把父亲的照片给他看。"那是你父亲?他枪法很准啊!我从前常跟他一起到山间狩猎!我是这小镇的传道,这里有五六百名基督徒。你父亲走遍这铁路沿线的每个城镇传福音,现在每个镇里都有一间兴旺的教会!"

母亲的坟墓

我们想要看看从前的宣教士墓地,那接待我们的内蒙人说,他会带我们到郊外地区,当地的农民会知道那地方的位置。多年前,所有坟场已全遭毁坏,泥土都被拿来造砖。

我们发现那坟场地面骸骨四散。我跟那蒙古人说:"这一根就可能是我母亲的!"他觉得很难过,说:"我们本想令你高兴,怎知现在却令你伤心!"我猜他也许惧怕因带了我们到这里来而受罚,我们便急急向他解释,基督徒死后会到天堂去,因此我们的骸骨如何不很重要。虽然我并不介意将来能否再回到那儿,但为了曾到过和看过那地方,我感到安慰!因为对我而言,那像是个了结。

在下一个小镇里,我们去到家父从前传道的地方。有个由约十位基督徒组成的小组,已经暗暗地在那里一起祷告了近十年。他们不敢唱诗歌颂,因为邻居们都在彼此窥探,他们秘密聚会以来,一直从没被抓到。尼克松总统协助打开中国的门户时,政策改变了,这群信徒于是向政府申请,准许他们建立一间教会。那蒙古人说:"一经批准,我们立刻亲力亲为，七天之内就建成了这教堂！"他们也在一些家庭中举行这类聚会。

五年后

五年后，我再有机会带些基督教书籍回去探望中国教会，并带了唯一能找到的两本蒙古文圣经同去。那里的牧者记起那位曾受他洒水礼的蒙古妇女。"她要替政府唱民歌，到处搬迁，既无团契生活也无圣经可读，已离开主了。不过，这儿对蒙古文圣经的需求却很大哩！"

那里原本只有十位基督徒，此时已增至一万人、教会三十间，并有很多家庭教会。在周日的下午，我们逐一探访他们的教会。我问一位传道人："今天这里有多少人？"他说："里面有三百人，但在外面的更多，都是无法进来的。"他们说，每天都为美国教会祷告。我问："你们为我们哪方面祷告？"他们答："叫你们的心不会因富足离弃神！"

四年后，我第三度回去探望他们时，发现那原本十位基督徒已增长至二万八千位，教会已有超过七十间。他们的秘诀是什么？信徒们每天早上六时一起祷告。我也参加过一次这样的祷告会，逾千名信徒早上六时先聚集祈祷，然后才上班去。因为没有圣经可读，他们就以此祷告会当作他们的灵修时间。

"我们建好礼拜堂后，随即发现地方已不够用了。现在，我们在建一间能容纳二千五百人的，每天约有一百五十位信徒来建造，在灌注水泥的日子，则会约有五至六百人来。"我们出席那天刚是水泥灌注日，他们正在建造阳台。

他们只有一台很小的水泥搅拌器，其余的都是以人手运作，我看见一位八十岁的老太太把砂砾铲进搅拌器里。两队人用小小的铝制平底锅运送水泥，一铲水泥满一锅，就运上棚架去灌注。一队人把倒空了的锅从上面运回来，让一群妇女检查是否有破洞。若发现有，就用装可乐用的旧铝罐来补。搅拌器转动时，诗班就练习，然后按时候又回去建造。

不错，神在建立祂的教会，没有人能拦阻祂。当年宣教士被逐时，中国约有七十万基督徒。我撰写此书时，人数已达到九千万至一亿。我为神之所是及所作赞美祂！

诗篇 90:15-17

15 求祢照着祢使我们受苦的日子，和我们遭难的年岁，叫我们喜乐。
16 愿祢的作为向祢仆人显现；愿祢的荣耀向他们子孙显明。
17 愿主——我们神的荣美归于我们身上。愿祢坚立我们手所做的工；我们手所做的工，愿祢坚立。

泰国

1994 年，在播道神学院圣诞节假期间，我跟几位人士代表华人宣教机构飞到泰国去。这次探访让我们更深入了解在当地的两个宣教单位正面临的困难。

首先，泰文是特别难掌握的，就是要学懂人们的姓氏已经很难，因为那儿没有两个人的姓氏是相同的，每个都必须独一无二，所以，他们的姓名长得令人难以置信。其次，泰国人常被邪灵欺压，为了得到保护，各家后院都建有神龛，每天在其上摆放食物以供奉鬼魔。他们的文化让鬼魔势力增加，这叫宣教的工作难上加难。

听见在他们当中有间很兴旺的华人教会，我大为惊奇！那里的华人希望我们的宣教士去服事他们。当然，用中文传道会容易得多。然而，宣教士们是来接触泰国的未得之民的。我惊闻这些华人基督徒，虽然能说流利泰语，却竟然没有异象或负担去接触周围的泰国人。这不恰恰就是美国教会的写照，对身旁的多元文化的族群视而不见吗？

澳大利亚

我离开泰国继续飞向澳洲的悉尼，在那里探望了好些相识已久的中国朋友，在两个聚会中担任讲员，做了一些归纳式研经法的培训，又休假一星期。

我跟一个家庭同住，他们原是香港活泉堂的老朋友，住在离开悉尼一小时路程的内陆城市格里菲斯（Griffith）。他们发出呼声，说："你可否招募一位华人同工来帮助我们，在这里建立一间华人教会？"这里不缺地方，只缺华人牧者。

在泰国时，我听说橙子在当地是稀有的珍品，我牢牢记住了。往后那星期到澳洲时，我住在一个华人家庭中，他们有个橙子园！由于回程时飞机会在泰国停留，我那些澳洲华人朋友就托我带了两箱橙子送给我们在泰国的宣教士，我把它们当作手提行李也不要紧了。你可以想象我们的泰国宣教士收到后有多惊喜！

到澳洲去是我渴望已久的，去摸摸袋鼠，抱抱树熊，看看澳洲的内陆和土著。真是做梦也没想到，这些愿望竟然能够在那短短一周内，出乎意料地实现了！

更重要的是，我想探望从香港移民到那里的老朋友，例如从前活泉堂的年轻人。相信这将是我最后一次跟他们见面了，我很想知道神于这些年间在他们生命中的作为。其中一位见到的是 Samuel，神使用他的餐馆成为悉尼第一间华人播道会的"发源地"。

我还遇上说英语的土著基督徒。当地的宣教工作让这些土著成为热心的信徒，他们的皮肤黝黑，脸孔却映照出主的荣光。今天很多土著成了充满活力的信徒，全因当初宣教士愿意随时候命到了内陆去。对比下，我听说直至 1929 年，澳洲政府还在出售以弓、箭作工具的捕猎许可证，让人把狩猎土著当作一种运动！

回香港途中，我有个惊喜。我的航班因改道途经墨尔本，于是要在澳洲上空飞行六小时，从东南飞向西北，大部份时间都天朗气清，这就让我在预料以外，以鸟瞰角度饱览澳洲内陆的风貌。

在回港那冗长又兜兜转转的航程中，我感到十分困倦。"主啊！求求祢，我今天难以像平日那般随时候命啊！"在那最后一段行程中，坐在我旁边的是位来自不丹（尼泊尔毗邻）的女士。她曾在印度一间教会学校读书，讲一口流利英语，而且心灵极其饥渴。我们一起吃饭时，她问及我的信仰，她说丈夫的家族是基督徒，常常跟她提到耶稣。她是一位心灵备妥的人，神在飞机于香港着陆以前，就开启了她的心，让她相信并祷告接受基督。这并不是因为我做了什么。这真是此次蒙恩的圣诞假期的高潮！由于这位不丹女士只在香港逗留一晚，当天下午我连忙做些跟进工作。然后我就回到神学院的教导岗位，重新得力地训练工人去收取庄稼。

新加坡

一个自称"热心少年军"（Keen Teens Crusade）的机构正招募年轻基督徒受训传福音。他们要参与一个布道运动，以新加坡一处新发展的市郊为目标。虽然新加坡主要由华人组成，他们的母语却是英文，所以这队伍将由华人和白人青年组成。"热心少年军"采用了一种独特的方法训练少年人，让他们自然而然地谈及耶稣，跟别人分享信仰。少年们联合起来，为传福音付出代价，花时间受训、祷告、彼此分享，以至充满活力，得着装备与能力去作见证。

"热心少年军"的策略是锁定城里某区，然后训练并差派年轻基督徒出去，逐家逐户探访，进行问卷调查。除了典型的问题，例如家庭人口、年龄、教育、种族等，还会问及包括他们的信仰取向等问题，让探访者能切入话题，分享基督及个人见证。每个家庭都会获邀出席傍晚在当地中学举行的晚会，内容包括活力十足的音乐、见证及信息。他们可在那里寻求属灵疑问的答案，并且得着帮助认识神。

这尝试激发起我的兴趣，因为我们在新加坡的播道会刚在那区购了个房子，准备植堂。由于那时是播道神学院的暑假，我便有空加入新加坡的问卷调查队伍作福音外展，藉以大力推动一下我们在那儿的新堂会。"热心少年军"的领队获得准许，可以用当地的中学作我们的总部。学校大楼的设施，让我们的训练课和祷告时段都方便进行。而礼堂适合用来举行黄昏的布道会，几个课室就作了宿舍，让我们跟那些少年人可席地而睡。我们发觉市郊的居民颇友善，对少年人的问卷调查来者不拒。那些问题和讨论引发起属灵兴趣，以致相当多人前来傍晚的布道会。当中有人做出人生的抉择，跟随基督，别的则藉着圣经和播道会的聚会，开始真切地寻求神。队员们被挑战，热衷于分享自己的信仰，又因看见神在生命中运行而雀跃。那群少年人装备自己，好为神随时候命，神就使用他们，带来并非他们的年纪所能发挥的影响来。今天，那间他们帮忙推动的教会发展得十分蓬勃，接触到的范围与对象远跨那市郊。

我很有兴趣观察这独特的植堂和训练年轻人传福音的方法。我一直乐于寻找介绍人认识耶稣的机会。然而，上述途径并非个别领人信主那般简单。能成为同工之一，开拓教会，让其继续接触那市郊的人，实在蒙福。而问卷调查所得的资料，对那新教会而言，可说是无价之宝，能让他们跟进初信者及那些对属灵事物有不同程度兴趣的人。种子撒了，福音传了，少年人受过训练，植堂者日后探访的门也打开了，我也认为这是我珍贵的学习经验。在新加坡，这方法确能大力推进植堂事工，因为每个家庭都有自己独立的房子。不过，在香港这可行不通，因为每座楼宇都经常住着数百人。每个不同的处境与文化，都需要自己的方式去进行植堂和训练。

马来西亚

因为新加坡毗邻马来西亚，既然近在咫尺，我便希望上马来西亚的首都吉隆坡去。

我知道那里有间大型基督教书店，自称顾客范畴遍及东南亚所有其它国家，我于是想向他们推介那面很可爱的"你們要去团契"（Go Ye Fellowship）牌匾。这些牌匾分中、英文两批，有铝质也有塑料质料的模子可以制成不同牌子。我相信基督徒在家里挂上这样的福音牌匾，可成为重要的见证，为谈论耶稣打开话匣子。我渴望马来西亚每个基督徒家庭都在墙上挂起这见证牌匾，为信仰默默做见证。除非有马来人主动打开话题，否则，向他传讲基督教是犯法的。一方面这样的牌匾可引发福音话题，所以我很有动力要到吉隆坡去。问题是，可以怎样去呢？

多年来，恐怖分子遍布马来西亚的森林。无论出于自愿与否，农村里的人都曾供养、支持过他们，政府于是把村民驱赶进禁闭的"新农村"里，方便军警监控，以逐步断绝恐怖份子的活动。恐怖分子们被逼疯了，变得十分危险，只有那些遭禁闭的村子才安全。我到新加坡时，那些新农村已经开放了近一年。现在有多安全？由新加坡到吉隆坡去没有可乘的公共交通工具，我又没有车子。我找到一位想到吉隆坡去的年轻女宣教士，但由于她不懂当地语言，因此不敢独自驾车前往。虽然她车子的轮胎状态不好，她却高兴能载我到那里去。我们请当地的宣教士的四个孩子每人负责为一只轮胎祷告！

最先出问题的并非那些轮胎。我们刚离开新加坡横渡柔佛海峡进入马来西亚之际，车子开始青蛙般跳动，然后就动也不动！我们朝车底看去，像是车子的内脏（技师会称那为驱动轴）掉了出来！在马来西亚那远离人烟的陌生丛林里，我们怎么办？况且，我回香港去的船三天后就要从新加坡出发了。于是，我提议那女孩留在车子内看守着，我去拦了一辆路过的汽车，让我搭个便车到下个村子去找技师帮忙。我们求神让我找到懂广东话的技师，果然找到了！

两位华人技师解释，修好车子要三天，那是我们余下的全部时间了。凭着信，我们叫他们动手，然后在余下的旅途搭便车。我们不晓得那样要花多少时间，也不知道夜里要在哪儿栖身。我们大都获印度籍司机接载，他们的驾驶技术叫我们全程都非常紧张。而在每个村落，都各有一位单身的女宣教士，在那里随时候命，向身处村子的居民展示基督的爱，也为我们预备地方住宿。

我们果然在吉隆坡找到那间由宣教士开办，接触层面广泛的大型书店，他们也认同我那牌匾事工的异象，欢欢喜喜地收下了我带去的样板。我老远从香港把牌匾带来，就是盼望有这机会。书店经理问及我的名字时，说："Ekblad不是个普遍的姓氏，但从前我在明尼波里斯时，就为一位叫许保罗（Paul Ekblad）的申报过税项。"世界真小！保罗就是我哥哥。神为我安排的道路的确充满惊喜！那天，我们还跟其他可爱的宣教士见面，他们先为我们祝福。然后，我们拦截便车踏上归途，找到另一村子及给我们住宿的宣教士。我们甚至发现先前那辆坏车已全部修理妥当，刚好赶得及让我乘船回香港去。

你可以算算我们这次到吉隆坡去面对了多少不确定因素，事实上，很多方面都相当冒险。我们会拦截到能载我们到目的地的便车吗？这样子要花多少时间才能到达吉隆坡？那些让我们乘便车的陌生司机靠得住吗？我们的车子还在维修处、并且能及时修好吗？由于我们到那里去是为神的工作，我们只须随时候命就行了。祂把所有不明朗因素都完美地解决了！

我需补充：回程时，我们确实付了一点代价——南中国海波涛汹涌人尽皆知，所以如大家所料，我晕船了。其他人显然比我更早因不适而呕吐，而船上的清洁不足，我要踮着脚走为了避开那些蟑螂（这并非一艘游轮！）船长是个快活的糊涂鬼，他向我保证他至今未曾有一位乘客因晕船而身亡！他告诉我，有个傍晚，他发现有位乘客正站在栏杆旁呕吐，为了让他分神，不过于关注那反胃的感觉，船长就转了个话题，说："看，那美丽的月亮正升上来（coming up）了。"那乘客回答说："噢，里头的那个也要升上來（coming up，又可诠释为呕吐）了吗？"

随时候命的人生并非花香满径、一帆风顺，然而，能够倚赖神做我绝对胜任的旅途代理，却叫人何等喜乐！

第 8 章

蒙古文圣经

引进织锦

神怎样带领以色列人走过阿拉伯旷野，最后进入应许之地迦南的经历，祂都藉着摩西一一记录下来。根据记载，神独行奇事，日间用云柱引导以色列人，好让他们避开旷野中的骄阳，晚间则以火柱照亮他们的道路。这记载启发我们今天的信心：神昔日如何带领祂的百姓，现今也会藉保护、供应与指导，引领我们。祂并非只是远古的神，乃是至今仍活跃于我们的生命中。藉着彼此分享祂对我们各人当前的奇妙看顾，我们的信心就得着坚固。以下一些例子，是我在远东见证如何蒙祂奇妙带领。愿我在这里所讲述的经历，能坚固你们的信心，又能荣耀神。

我发觉有时一些偶然发生，看来微不足道的小事，当时不觉重要，后来才知道原来是神手中的线，祂正用来编织成一幅华丽的织锦。

前面已提过，我在华北度过了三至六岁那三年光阴，那部份地区名为"内蒙古"。当时，我的父母在那地做宣教士，服事中国人。

中国政府对那区域采取的政策，是把大量的汉人迁至该地，试图冲淡当地的原有文化，使之真正汉化。因此，在我父母事奉的区域，内蒙各个城市都住满了汉人。而游牧的蒙古人要带着牲口和可迁拆的蒙古包，住在群山之外的草原上。蒙古人无论是语言还是文化，跟汉人都不相同。

内蒙的婚礼

我记得在那里，当我还小时，父亲的年轻宣教同工靳思亚（Stuart Gunzel）向我们宣布他的喜讯之际，我们一家人相当兴奋。靳氏正打算前往迎接他从美国来的未婚妻。她到内蒙草原的目的，乃是要来看个究竟，然后再决定是否委身下嫁靳氏并到这里来与他同工。虽然在蒙古草原上做个与外界分离的宣教士妻子，前途暗淡，玛嘉烈却说："我愿意。"她随时候命！

玛嘉烈来自芝加哥一个富裕家庭，把精美的结婚礼物带到蒙古来，如织花桌布、精致碟子等，却不知道蒙古其实是个怎样的地方。过了不久，强盗就来洗劫靳氏的蒙古包，并把她的结婚礼物全部夺去！玛嘉烈虽然损失惨重，也流过很多因未能适应新生活而有的泪水，她却仍然随时听候神的差遣，让神在内蒙使用她。

思亚和玛嘉烈一同劳苦，把蒙古游牧之民领向基督。思亚跟一位蒙古王子学习各种蒙古语言，条件是教授对方英文。有一阵子，靳氏在草原上住在典型的蒙古包里，就是可以迁拆的帐篷，以便在牧民和牲畜到处找新草原时，他们二人可随着迁徙。后来，他们搬进了一间中式房子，这房子空出来是因为它曾经闹鬼！

在贫瘠的草原上，公路、任何类型的商店、电力、电话、收音机或报章、邮局或邮递服务全部欠缺，也没有其他能说英语的人居住，靳氏夫妇可谓与世隔绝。由于蒙古人相信挖掘土地会释放当中的恶灵，所以从不耕种，靳氏夫妇也就无法种植蔬果，只能天天重复地吃羊肉和羊奶乳酪。他们唯一的水源是条河流，唯一的交通工具是骆驼。处境虽然如此艰苦，靳氏夫妇却继续献己与主，随时候命，任祂使用，为基督把福音带给蒙古人。他们几个孩子在这样的环境中出生及长大，起初是在家中受教育，后来被送到别处去读书。

靳氏跟我父母一样，是基督教协同会（The Evangelic Alliance Mission，简称 TEAM）的宣教士，也是我们一家的密友。父亲按时从我们所住的首府城市，把所需物资带给他们。我们全家乘坐那 1929 年出厂的雪佛兰旅行车，越过群山到达内蒙的草原去。透过那些到草原的旅程，我感到自己越来越爱蒙古人，就如我深爱汉人一样。

靳氏版蒙古文圣经

让我们看看那幅织锦的另一根线。约 20 年后的 1953 年，我以成人宣教士身份回到东方，当时二十三岁。那时因为政治原因，宣教士不能留在中国或内蒙工作，我于是到了英国的殖民地香港去，实现童年的呼召，向中国人传扬耶稣。

到香港的第一年，我在长洲岛上有如鲁宾逊般生活，一面学习广东话。约有三万中国人住在我家下面海边的村子里，我却无法跟他们沟通。那时候，岛上只有一个西方人家庭让我可以跟他们以英语交谈。猜猜是谁？就是我孩提时在内蒙认识，又曾运送物资到草原给他们的靳思亚夫妇！这的确是神给我的特别厚恩和大礼。

古雅翻译版

虽然到了 1953 年，中国和蒙古都已不准许宣教士入境或居留，靳思亚却在那二十年间，学会了蒙古语，更成为对蒙古语言相当有研究的学者。在长洲这岛屿上，思亚跟四位蒙古学者一直致力于修订整本蒙古文新约圣经。

我最初抵达香港时，修订工作已经完成，思亚和玛嘉烈正准备返回加拿大。而那本文辞优雅的修订版蒙古文新约圣经，必被受过教育的蒙古人视为文坛瑰宝。思亚当宣教士初期，能认字的蒙古人只限于僧侣，而他们亦只能阅读蒙古文学作品。

1953 年，香港圣经公会把新修订的古雅版本印了八千册，之后靳氏就回加拿大去了。他们很快就介绍了那四位蒙古学者之一的基督徒妻子雅佳（Jergal）给我认识。我跟雅佳多年来一直是朋友，而这份友谊也成了一根线，连结着还有好戏在后头的关于蒙古文圣经的故事。

再访中国

织锦的另一缕线，就是我于 1982 年，跟几位也想到内蒙去的老宣教士一起重返中国的经历。那时，我已在香港当宣教士快三十年了，中国刚开始对外面世界开放，让游客入境。自从美国尼克松总统于 1972 年访华后，中国的政策改变了，从前只暗中敬拜的基督徒，开始有胆量请求当局批准建礼拜堂。我们探访过的一处的基督徒说:"获得批准后,我们七天内就亲手建成了这礼拜堂!"

受洗的蒙古女士

我到从前在内蒙的家乡教会聚会点探访。这是一座平房,用来分隔房间的墙壁已被拆卸,整座房子变成一个小型圣所,人挤得满满的,院子里则排满他们的脚踏车。早上崇拜后,接着是下午的洗礼。

在上一章,我提过那四十三位受洗的信徒中,有位蒙古女士。她说:"我听得懂汉语但看不懂汉字,世上有蒙古文圣经这种东西吗?"我答应过给她找一本。现在让我们看看这诺言将引发什么事情呢!

我从内蒙回到香港后,随即找我的蒙古朋友雅佳去。因她对同胞的负担,已经在东南亚四处搜购那八千本蒙古文新约圣经的剩余印本。那版本是靳思亚跟雅佳的丈夫(现已离世)及其他蒙古学者,于三十年前经修订后印制的。她把所找到的几本都送给了到香港来经商或探望她的蒙古朋友。她说:"除了我自己的和那留着用来再印的,我还有两本。"于是她把那两本给我。我下定决心要回到内蒙的故乡,把蒙古文圣经带给那个在主日受洗又恳求要一本的女士。

等了五年,我终可圆梦。1987年,我有机会再度回到内蒙去,带了一些中文圣经和属灵书籍,送给那边的汉族基督徒,也带了雅佳给我的那两本蒙古文新约圣经,要给那早在1982年就希望要一本的女士。那里的汉族传道人记得那位经他施洗的蒙古女士,他说:"她的歌声如出谷黄莺,就为政府给汉族游客唱蒙古民歌,所以要搬来搬去。因为没有基督徒的团契,也无圣经可读,她倒退离开主了。不过,这里有很多人需要蒙古文圣经。"怀着沉重的心情,我把那两本蒙古文新约圣经留给那传道人。

夏季回美国

以下是另一看似无关,却被神用来编织这织锦的事件。

20世纪80年代,香港夏天的高温与湿度叫我越来越难受。1981年回国述职时,我在明尼苏达州威尔玛播道会(Wilimar, Minnesota EFC)的联合主日学讲授时,有人这样问:"在香港,你认为最难适应的是什么?"这问题很容易回答。我早已怀疑,面对香港炎热的夏天,自己的身体能熬多久。那天傍晚,教会的执事会向我提议:"我们教会增长得这么快,很多人却对宣教一无所知。你来把这讯息带给我们的会众吧!我们很希望每年夏季都把你请回来。你在香港所任教的播道神学院反正休课,你就可以到我们教会来一两周,然后再代表神学院作其它事奉。机票费用不多,等于我们这座教会大楼供款利息的一部份而已!"就是这样,主为我开了路,让我在连续十五年的夏天都往美国去避暑。

横渡西伯利亚的列车

父亲于1917年首次从瑞典乘坐跨越西伯利亚的列车到中国去,在长椅上熬过了十八个昼夜。我梦想过有天取道蒙古、俄罗斯和欧洲回美国时,坐列车行经同一横渡西伯利亚的路线,盼望藉此把对世界传福音的异象带给我在香港播道神学院的学生，并在旅程中寻找一些预备好的心灵，向他们传扬耶稣。我又希望把雅佳那由香港远东广播公司播放的《每日蒙古语福音广播》节目的消息传递出去。我计划在1991年夏天返回美国，并独自乘坐跨西伯利亚的列车。

我透过香港的"猴子公司"（旅行社名称）购得车票，从北京横渡蒙古及西伯利亚至莫斯科，只需一百五十美元，但旅途安全则是"贵客自理"。

首先，我需在一间位置偏远的北京小旅馆申领我的蒙古签证。这是间名副其实的平价旅店，那里的加拿大籍主管也抱怨酒店景况。他告诉我："我们这里的员工流动量高，我经常要向每个新员工讲解怎样使用吸尘器，以及为什么不能用擦过马桶的抹布擦拭其它物品！"幸好我们连一晚也无需留在那旅店，谁晓得那里有多少虫子！有位年青小伙子是我从前在活泉堂主日学的学生，他坚持要为我在那城中一家时尚酒店找个房间，并且付费。

从那平价旅店取得签证后，第二天破晓时分，我就拖着装满衣物、食品及四十本新印的精装版蒙古文圣经的行李箱，穿过列车站上的人群，登上那绰号"铁公鸡"的列车去。它从北京出发横渡内、外蒙，到俄国边境后再前进。我们一行十六人从"猴子公司"买了套票，自北京到莫斯科，越过西伯利亚、波兰及德国，到阿姆斯特丹去。

行程中，列车停靠在外蒙两个营地前的车站。所有买了那星期同种车票的人，组成起来像个旅行团似的。他们年龄介乎大学生跟研究生之间，来自英国、澳洲、法国、瑞士及美国。那些年青人为了"寻找自我"，带着背包走遍中国、印度、西藏、尼泊尔，现在走向蒙古和西伯利亚！有我这位宣教士在其中，他们感到要谨慎小心。其中一位跟我详谈时说："好像带着母亲上路一样！"，他们年轻，在搬运我那沉重的行李上帮了大忙。每车厢内的四个硬搁板就是我们的双层床。我们坐的当然是经济客位。

福音广播

我们的列车载满了蒙古人，他们的车厢塞满了一个个大袋，装着从北京买回来的平价衣物，准备沿途在各车站贩卖。俄国人有钱却鲜有货物可购。在俄罗斯各列车站上，这些乘客从车窗贩卖东西给群众，跟他们议价。

抵达外蒙的首都乌兰巴托后，我们随即坐公共汽车到营地去。满披云杉的群山怀抱着风景如画的山谷，那营地就座落在谷中，我们在蒙古包内睡了一晚，这部分是我们的套票所包括的。我早就希望在蒙古有点服事机会，而我找到的比我所求的还多！

我带有几百张影印的单张，列明"每日蒙古语福音广播"节目的时间与频道，希望它们会更广为人知。这些广播节目是我的蒙古朋友雅佳准备和录制的，由远东广播公司从菲律宾发布播放。雅佳撰写了这些单张，我就大量复印发放。可惜外蒙人读不懂自己的传统文字，他们既看不懂这些单张，也读不懂我带去的新约圣经。每当我向他们展示那些单张，他们都即刻振奋起来，因察觉到那是他们自己的文字。可是，他们虽然努力尝试去读，最后还是徒劳无功。营中有位既懂蒙古文字又懂俄文字母写法的女士拿了我的单张，把其上的信息逐一以俄语字母翻译了，然后写在每张单张的背页。现在无论向任何一个蒙古人，我都可以传递那福音广播节目的消息了。

在一个营地的四周，散布着游客住宿的蒙古包，另有十来间小木屋，是负责营地运作的蒙古职员宿舍，远一点就有更多给本地人住的蒙古包。第二天一早，我凭手语跟一个蒙古家庭沟通，结果获邀进入一个蒙古包去，吃一顿地道的蒙古早点，这经历实在美好。"赏个脸跟我一起喝点马奶茶，吃点乳酪吗？"在那蒙古包里，我发现有位学问渊博的蒙古学者。他曾用古老的蒙古文字，写了一本关于蒙古植物的书！得到我给他的新约圣经，他高兴不已，而且马上开始阅读。他又用手语恳求我给他更多印本，让他可以送给那些住在山另一边的内蒙朋友们。求之不得！那天傍晚在"每日蒙古语福音广播"的时刻，我回到他的蒙古包去，看看他调到正确的频道没有。我发现那里挤满了蒙古人，个个坐在地上，十分努力地收听从他那手掌大小的收音机而来的福音。可是收音功能太弱，很难收到讯号，更别说要收到雅佳从菲律宾发出的广播。真是悲剧！我好想哭。

冒失鬼

在那营地，我犯了个严重错误。我丢失了一个袋子，除了圣经，里面还装着三千张手造且绝无仅有的中文字卡，是我想在那星期的长途列车旅程中复习用的。

下午太阳直晒营地时，我为营地拍照，便把袋子暂放在一座塔楼里。当我想取回袋子时，发现它不翼而飞。那位讲英语的蒙古导游认为有人偷了我的袋子，于是要我跟着他往蒙古包和小木屋去逐一搜寻，要把小偷抓出来。我让导游负责逐一查问，但我想他们显然怎样也不会承认偷了我的东西啊！我们走了一趟后，他告诉我他们现在全都在生我的气，因为我指控他们。然后他说："对了，你可知这里有两座塔楼吗？"我哪里知道，原来我所有东西都留在另一座塔楼的长凳上，原封不动。真叫我羞愧难当！现在我因自己的愚昧树敌了。我于是请导游教我用蒙古语说："我弄丢了它，现在找到了。真对不起！"我用音标记下来，练习至发音正确为止，然后带着用作赔礼的糖果和口香糖，再次挨家挨户上门去，用蒙古语道歉。蒙古人被我逗乐了，他们原谅了我。

这桩蠢事竟给了我两度拜访各家各户的机会，成为蒙古人的朋友，又跟他们分享单张上有关福音广播节目的消息。神不费吹灰之力就胜过我们的筹算！

途中食粮

回到乌兰巴托首府，我便开始为我们横渡西伯利亚那长达一周的旅程作预备。我庆幸找到个无需配给的市场，买了两打鸡蛋，并打算用水煮熟，分给同行的十六位团友。我们之前住宿了数天的营地的职员想要替我把蛋煮熟，但我知道他们必会煮得过熟，令蛋黄变绿，于是说服他们，让我自己在营地的厨房动手煮。我打开厨房的冰箱，想把鸡蛋放进里面以保持新鲜那一刻，几乎吓呆了！那雪柜的每层架子上都放满了生羊肉，无论是塞进去的或挂在柜门内侧的都是羊肉。我为团中那群在念大学的孩子感到骄傲，因为我从没有听过他们因食物投诉，或者埋怨不知将要吃什么。我们每天大都吃羊肉、乳酪，以及本地温室出产的番茄、黄瓜。我孩提时所认识的蒙古还未有这些蔬果哩！

我既不懂蒙古语，又如何能在营地以外的这城市里做点服事？我发现这里没报纸，人们一般都以告示板来传播消息，于是我就利用那几天在城中到处走，把"每日蒙古语福音广播"的单张钉在各公共告示板上。好奇的群众会聚集起来阅读我的单张，福音广播节目的好消息也就因而传开了！我也随意派发那些单张给路人，并先让他们看看用蒙古文写的那一面。若那人看不懂，我就只需把单张翻到背面，假如他们看得懂自己的文字，我就会顺带递给他们一本新约圣经。每本圣经的大小都如精装圣诗集，能减少四十本厚厚新约圣经的重量真叫我高兴！

抵达俄罗斯

那横渡西伯利亚的旅程带给我很多奇遇。俄国人为了保护自己免受敌军从铁路入侵，把铁轨的尺寸做窄了，换言之，要逐一顶起每节车厢，移掉轮子，然后换上新轮，才可配合俄国的铁轨。我们越过蒙古后，在夜里到达苏俄边境。由于要换轮子，我们全部要快快地离开列车。车上所有的门（包括那些通往洗手间的）都被锁上达九小时之久。你有需要？"贵客自理！"

护照被偷了

返回车上，俄国官员重复检验我们的护照。我们隔邻的车厢上有两位瑞典女士。本来她们为了实现毕生梦想，坐横渡西伯利亚的"铁公鸡"，从瑞典到北京去，现在她们却说："永不再试！"并警告我们那里危险重重。

虽然车厢门是锁着的，她们其中一位的皮包和护照却在一天晚上被偷了！原来窃贼们用了万能钥匙，在她们安睡后进入车厢。抵达俄蒙边境后，蒙古的代理人不会允许没有护照的人前进，列车上的俄国代理人也不会允许她们返回瑞典去。幸好，那位曾在莫斯科替她们检查过护照的俄国官员在列车上。在一片喧嚷中他走过来，认出她们并允许她们乘原车返回莫斯科，找当地的瑞典领事帮忙解决问题。于是，我们便结伴到莫斯科去。

有人警告我们，窃贼有万能锁匙，可以打开我们的车厢。那儿有支小控制杆，一旦放了下来就可防止那滑动门打开，不过，窃贼们可把长刀伸进来，把那控制杆翻回去。安全起见，我们每晚都必须把门柄紧紧的绑在用来攀登上层床铺的梯子上。

膳食菜肴

餐车上的菜单非常丰富，但实际上是独沽一味：一天三餐都是匈牙利炖肉（编者按：辣椒炖肉），而且份量越来越少！我们会在每个车站都下车寻找吃的，却从来不敢在这些时候任由车厢空无一人，其中一人必须留守。有一次由我当值看守，那时我们客舱的窗户只从上面打开了四英寸。突然间，从那上面的窗伸进一只手来，抓走了我室友的羽绒睡袋。那小偷穿过旁边同样停歇的一部列车的车底逃跑了。他必定是踏着另一人的胳膊才能到达那高高的窗户。一切在瞬间发生，我连制止他们或追回失物的机会都没有，他们算准了时间的！就在那时，我们的列车鸣笛了，全部乘客必须赶快登车，否则会被撇下来，没有机会追回失物了。

我带了满满一箱当地很难得到的箭牌口香糖，用来在车站上跟人交换食物。除了换取面包，我曾在一个车站用一排口香糖换到一只美味的熟鸡腿，另一次则是新鲜草莓，份量多得填满一个用报纸卷起的圆锥形"容器"

笛声停了

在列车于车站停下之际，常有强盗登车，蜂涌到各车厢，用刀恐吓每个乘客，劫去他们的金钱、钢笔、手表及贵重物品。因此，列车女服务员也比从前聪明了——每逢列车停站，乘客下车后，他们就会把平台放下，盖着阶梯，使任何人都无法登车，直至列车鸣笛，才把平台拉起，然后，各人必须回到车上。而每位登车的乘客均须接受检查，复核身份。在某个车站，我走到离开列车老远之处，当听到鸣笛声时，我就跑到最近的车厢登车。可是，那女服务员误把我当作白俄罗斯人，不肯拉起平台让我登上。我一面尖叫，一面抓住栏杆，并用一边膝盖跨上平台上，唯恐在西伯利亚落难！我车厢的女服务员刚巧走过，把我认出来，她们于是合力把我拉上车去。我无尽感恩，没有落难于西伯利亚。

蒙古教授

我们的列车有很多车厢，我在其中穿梭，遇到很多人。我并不知道，在他们中间有神编织那织锦的另一根线。

车厢内有位来自北京某大学的蒙古语文教授，懂得古蒙古文字，我便回到客舱去拿那本古雅的蒙古文新约圣经给他。后来他过来找我，说："我可否再要十本？我想在大学的班上用作教科书。"我多么欣喜，又可再从行李箱拿走十本重重的圣经了！我完全没有问及那教授的名字或任教哪所大学。那时我并未察觉，在神那幅蒙古文圣经的织锦中，他的位置何其重要，我也没想到，十年后我将会到处访寻他，却连他的名字、大学或地址都不晓得！那又是另一故事。

莫斯科经验

有人警告过我，在莫斯科的列车站，吉卜赛孩子们会成群结队在乘客周围游走、嬉笑、挥手，然后逐渐移近乘客，劫去他们系在身上的钱袋、轻便袋或皮包。你不可以打这些孩子，因为他们只是孩童，却曾受训做这些勾当。

我们的列车停在莫斯科的总站时，我刚下车就看见我们香港一个宣教士的儿子在迎接我。我的祷告蒙允了！嘉普传（Blair Carison）是一个在他襁褓时我已认识的孩子，如今他已长大成人，并以主人家的身份在莫斯科接待我。他曾担心，怎能从那长长的列车上找到我呢！他跟家人来了莫斯科一年，目的是为将要到这里来的葛培理（Billy Graham）布道团做预备工作。

嘉普传给我安排了一位讲英语的导游，带我到城中四处游览，包括红场及所有名胜。我跟那导游交谈时，听出她灵里十分饥渴，我们就在公园长凳上坐下来，我把福音简单地向她解释了。就在那儿，她以早已预备好的心灵接受，并真诚地信靠耶稣作救主。后来，她还邀请我到她在莫斯科的家去，跟她的家人见面，好给他们讲解福音。在那次旅程中，神引导我遇上七位心灵备妥的人，一听见福音就祷告邀请基督进到生命里，这导游就是七人中的一位。

我真是乐不可支！神无疑带领我在那行程中为祂收割成熟的果子。

在莫斯科还有其它奇遇。留在那儿一周的几个早上，我参加了那群正在替葛培理布道大会做后勤工作的人之早祷会。（在当地根本不可能找到很多基督徒承担这些工作。）一个早上，我跟他们分享自己的见证后，其中一位在当天稍后时间跟我倾谈，而且祷告接受基督。葛培理团队里一位信徒听闻我是神学院讲师，就恳求说："请问你可否给我一个数小时的神学密集课程？"

我在莫斯科找到很多华人，并且邀请他们出席葛培理布道大会。若我能找到足够有兴趣参加的人数，大会便会增设人手，以汉语翻译葛培理的信息！我每天在市场往来，一看见貌似东方人的，就走到他们背后轻声地问："你是中国人吗？"东方人中有蒙古人、朝鲜人、日本人、越南人和中国人，他们若是中国人，就会转过来跟我交谈，不然就听不到。在莫斯科那周，我跟碰上的华人言笑甚欢，他们中间对属灵事物感兴趣者却极少。 唯有神能预备人心。

获陌生人救援

是时候离开我的好友嘉普传一家，继续横渡欧洲了。我的列车套票本应全程把我从莫斯科送到荷兰，却不知怎地在俄罗斯某个大站就把我赶了下车。列车继续全速前进，我却被遗弃在车站月台上，不知道原因，也不晓得自己身处哪个城市，实在不知所措！列车的检票员不懂英语，也无法解释为何把我赶下车，我又不懂俄语。而那服务员的姿态让我猜想，他是否想收取额外票价？还是因这列车有卧铺而我的车票不包括这个？我很疑惑。我一个人在西伯利亚某处，无人可联络，旅行支票又不管用，也不知往哪里求助。看着列车开走，我只懂祷告。

就在那时，我看见一位身型修长、披着墨绿色大衣的年轻黑人女士站在同一月台上，她显然在等待另一班列车。她转过身来的时候，我发现眼前的她原来十分美丽动人，叫人印象难忘。这女士看着我，然后直向我走过来，一言不发地伸出手来，递给我一张簇新的二十美元钞票。

我目瞪口呆！她为何这样做？我跟她素未谋面，她怎知道我需要现金？那刻，下一班列车到站了，引擎发出的声音太大，掩盖一切可能的交谈声，我连道谢的机会也没有。我要立刻登上那班列车，因为它前往我想要去的方向。我把车票和二十美元的钞票递给那检票员，他微微一笑，欢迎我上车，并找给我一些俄罗斯货币零钱。我至今仍无法明白那黑人女士的举动，她会是位天使吗？对于我在绝望中的祷告，她明显是神给我的回应。无论她是谁，愿神报答她！

波兰、阿姆斯特丹及伦敦

在波兰，我有些出乎意料的遭遇。有人给了我当地一位浸信会传道人的地址。我听得懂验票员说"波兰"，于是在某个站下了车，但原来波兰有几个车站，我偏偏选错了站！我把地址给计程车司机看时，他说懂得怎样前往，但显然在骗我——走了二十五英里，而且很昂贵，我们迷路到天涯海角了。那时是黄昏，我看见一群衣着光鲜的人走在一起，我就当机立断，给出租车司机付了钱，急急走到那群人中间去。他们会说波兰语和英语，正在前往扶轮会

（Rotary Club）的聚会。他们邀请我共赴这波兰聚会，然后我获邀往其中一对夫妇家中作客，而且第二天他们也帮我忙，这真是神的奇妙看顾！他们那优雅的家位处一个可爱的树林区，客人住宿的地方是间座落他们后院的独立房子，里面设备齐全，有热水淋浴和高床软枕。我跟这对波兰夫妇吃早点，共度欢乐时光，他们后来甚至驾车把我送回列车站去。

在德国、阿姆斯特丹和伦敦跟中国人接触时，还有更多奇遇在等着我，例如在阿姆斯特丹，我庆幸有时间跟汉生和敏玲夫妇相处。他们从前参加香港活泉堂的主日学和青年团契，我曾做过他们中学阶段的导师。后来汉生一面在菲利蒲照相机公司工作，一面在几间华人教会中以平信徒身份当传道。这些教会接触的对象，乃是阿姆斯特丹境内的大量华人。看见神的手如何引领他的生命，对我而言是难得的乐事。

在伦敦时，我感到格外蒙恩。我住在中国信徒布道会（Chinese Christian Mission）的总部，跟在香港时已相识的中国老朋友快乐相交。虽然只留在伦敦三天，我还是想看看一些观光重点，例如守卫换岗、唐宁街十号及西敏寺等。蒙神爱顾，祂在接下来几天给我的安排超乎想象。

我乘搭地下列车时，竟然发现坐在我身旁的英国女士就是上议院的秘书。她解释说，这日是那季上议院会期的最后一天，她邀请我以其客人身份列席。不得了！那叫人难忘的会期过后，她又亲切地带我参观西敏寺，到唐宁街十号去，并观赏守卫换岗。一大群人站在围栏外观看这气度万千的项目。从人群中某处传来声音，高叫我的中文称呼："许姑娘！许姑娘！"原来人群中有位播道神学院从前的学生，现在跟妻子和家人在伦敦。这种不期而遇的重逢实在叫人高兴。神在我的路上满布恩典，我的确在先尝天堂的甘美！

我从伦敦飞到美国，在明尼苏达州威尔玛播道会礼拜堂完成了一周的事奉，并在支持我的各教会主领聚会。我推广播道神学院的事工，又跟在威斯康辛州的家人度了几天假，并且在六十天内完成一切，刚好赶及在播道神学院的秋季课程开学前返抵香港。神的丰富恩惠叫我在这趟旅程蒙福。

口语化译本

渐渐我们收到回应，得悉那风格古雅的蒙古文新约圣经虽然深受知识分子爱戴，但却叫惯看口语化蒙古文的平民百姓感到高不可攀，加上那些译本亦已没有存货，我们显然需要一本口语化的新约圣经译本。雅佳不单是基督徒，她本身还是个恩赐很多并精通五种语言的蒙古人。经过调查与研究，她给我们推荐了一位别具恩赐的翻译者来承担这工作。那人已替德国蒙古宣教机构把两卷旧约书卷翻译成口语化蒙古文，他们选了翻译《创世记》，因那是创世的故事，又选了翻译《诗篇》，因它有助于敬拜。两卷书的翻译本都要以人手抄写，因为那时还没有蒙古文的电脑字体可用。

这翻译员虽然不懂圣经原文，但他却拿那古雅的蒙古文版本，跟中文版本及几个英文版本作了详细比较。把整本新约圣经改译为口语化蒙古文，又要用传统的内蒙垂直式文字来书写，实在是项艰巨的工作。纵然之前已试用过几位翻译员，但他们的蒙古文写作水平都没有达到雅佳的要求，所以很快便被弃用了。这任务由单独一位翻译员来承担，需历时多年。（在过程中，这译者信了主。）我们这群对此事有负担的人，负责就这计划跟德国蒙古宣教机构联系。

我孩童时在蒙古植下的根，像磁石一样把我吸到这计划里去。在一环又一环的各方努力中，我的参与只是一个小小的环扣，我负责联系，帮助招募代祷支持者，筹募翻译经费及寻找出版社等。我在这整个计划中的参与属副业，而我在香港播道神学院的教学是全职。蒙古人是很棒的歌唱者，我预视到这口语版蒙古文新约圣经的长远果效，最终会引导成群结队的蒙古基督徒，加入天上宝座前的诗班，在那里向羔羊献上称颂与敬拜！

口语版的翻译工作终于在2000年完成了。1997年我退休返回美国后，在2001年又回到香港去担任讲员，我希望在那里可找到那时已经出版的口语版蒙古文新约圣经，但没有找着。其中原因是世界圣经联盟（World Bible League）基金本来应允资助印刷费用的，那时却资金短缺。再者，香港新生命文学出版社出于误会，质疑那译本的蒙古文水平。原因是负责校对那些蒙古文的雅佳曾向人介绍，叫那译者作"我的兄弟"（事实上，她指的是属灵的弟兄），出版商认为若这事工全由雅佳和她"闭门一家亲"的兄弟来承担，她当然说那是个最好的译本！可是，这果真是佳作吗？于是，仇敌魔鬼利用这误会，把出版工作又拖延了一年。

最大的难题是，我们从香港方面怎样才能查究，证明这译本是佳作？我们参与的人中只有雅佳懂得蒙古文。现在翻译好了，但她的见证却被怀疑！而我那次香港行程的时间又很短，怎能赶及找人帮忙呢？神啊，求祢帮助我们！

徒劳无功的举动

我们不方便找现任传道的蒙古牧者帮忙，审查到底这口语版译本的行文如何，因为蒙古教会在以什么名字来称呼"神"这事上，已经有不同意见，甚至因这议题令幼弱的蒙古教会分裂了。我们可用佛教徒传统上用来代表神灵的那样的称谓来称呼神吗？有些人坚持应用"主人"来代替，但按雅佳所言，这称谓却传达不了"神灵"的意味。由于我们需要有人对这作品里的蒙古文质素给予中肯的评价，遂要避开那些神学议题。我们这些因这计划走在一起的人，决定要找一位未信主的蒙古学者来审视，看看这口语版译本是不是蒙古文中的上乘之作。一般人会明白它吗？时间如此仓卒，我们在香港往哪里去找这样一位中肯的学者？

我突然想起十年前在那横越西伯利亚列车上遇见的蒙古教授。不幸的是，我当时没有请教他的名字、地址或任教的大学名称。我唯一所知，就是他在北京一所大学任教，而这是十年前的资料！这蒙古语文教授将是位理想的权威人士，评核这口语版的蒙古文质素。可是，我怎样才能找到他？

那时，北京人口有一千三百万，而我连那教授的名字、地址或任教大学都不晓得，神能引领我在千百万人中把他找出来吗？

从香港飞往北京去找这人审阅这译本，我得付五百美元购买来回机票。我求主赐下一些线索，让我知道这次寻人的航程是否神给我的旨意。除非神参与其中，否则，这只不过是既昂贵又愚昧，却又徒劳无功的举动。

我从香港致电我在北京的朋友哈拿，请她在大学的告示板上贴一张字条，写着"十年前的六月，那位在横越西伯利亚列车上遇上一位蒙古教授的洋人女士，将到北京来。她需要再跟这位教授见面。请回应。"哈拿问我，"哪个大学？北京境内有超过一百间大学啊！"她继而说了几个校名给我听。这样子去"寻人"看来的确荒谬。可是，若神参与其中呢？我说："试试北京大学吧。"这是我当时从她口中听见的其中一个校名。她照办去了。

与此同时，我在香港正一面忙着，一面等候主回应，告诉我究竟是否应该飞往北京去。最后，距离我飞到香港做某大会讲员的日子只剩下四天了！那周五下午，我接到一封来自马小姐的圣诞电邮（她是我在明尼苏达大学带领信主的），她说那时她正在北京写论文！（她对我在香港一事毫不知情！）

"主啊，谢谢祢，这就是祢给我的提示！"我立刻致电中国南方航空公司，预订我周一到北京的机票。踏出那信心一步后，我随即收到另一封电邮，是一位北京大学的教授寄来的，他在告示板看见我的字条。电邮说："你提到的想必是倪先生，他就是你们十年前的6月，乘坐横度西伯利亚列车到莫斯科去，在车上遇到的蒙古语文教授。他夏季时因胃癌过世了。然而，也许我能帮得上忙。这大学里有个蒙古部门，而我就是其中一位蒙古裔教授。"我跟他相约好周二见面，然后发电邮给马小姐，看看她能否替我安排，在周二跟北京另一所大学的一位蒙古学者面谈，因为我想多听取一个意见作复审。

飞往北京以前，我需要拿到那新译本其中几页作样本，给教授们审视及评估其质量。无奈新生命文学出版社的办事处周末已关门了，而我的航班又在周一大清早！难题还不止这些，马小姐和我将要会见的那教授，在周末寄来电邮通知我，他们二人都患了重感冒，恐怕无法跟我会面！我的机票是周一的，那两个约会是周二的。无论如何，我凭着信心出发。

高质量获肯定

幸好新生命文学的负责人收到我的电邮，知道我想要路加和约翰福音的几页作样本，于是在周一早上把东西拿到香港机场等我。哈拿就在北京接我机。我两位要联系的人感冒也渐渐康复过来，让我们周二的约会可以如期进行。可惜，两次面谈的结果都给我严重打击。北京大学及另一大学的蒙古部门的两位学者都异口同声说："你不会想把这些印出来的，里面错字百出！"我的心沉了。

我突然想起，之前我在哈拿处留宿时，留了一份蒙古文的诗篇在那里，那是同一译者早前翻译的。因为那时我们没有优质的蒙古语电脑，所以全卷翻译都是手抄的。可能这些打字上的错误只是电脑输入时造成的，并非由于翻译技巧低劣。两位权威人士都答应第二天再见我，把手抄的诗篇跟那样本作比较。

两位权威人士看过那手抄的诗篇后，都翘起拇指来。"这是优美的蒙古文，就算在艰深的诗词中都能显出来！"我请求说："请问可否替我们纠正那些输入的错误？"那教授说："我年轻，你年长，你做这个是为了我的同胞，我乐意帮助你。"他尝试校对了几页，然后做了些估算。"若有一千页，我就需要一个月来完成。现正值春节假期，我可以腾出时间来做。"我说："好，一言为定！"最后总页数原来有一千零五十八页。雅佳在香港把那些更正输入她的电脑中。最后在 2002 年，整本修正好的口语版蒙古文新约圣经都被收录到一张光盘中，让我能亲身带去给那北京教授所在的大学，算作送给他大学图书馆的礼物！

　　感谢神有互联网，这是织锦另一缕线。现已结束的德国蒙古宣教机构把整本口语版蒙古新约圣经，连同创世纪和诗篇放到网上，让全世界所有拥有电脑的蒙古人都能读到。最初两年，该网站的点击次数已超过二十五万！你也可登入以下网址看看：*http://mongoliabible.blogspot.hk/*

织锦全幅展开

　　回顾这么多件看似无关重要又混杂的事情，我们渐渐看见神亲手所作的工 —— 祂用很多颜色不同的线来编织一幅美丽的织锦，为了要彰显自己的荣耀。所有事情编织在一起，让一本新约圣经能到达未得之民手中，并以他们读得懂、能明白的文字和版本面世。愿神得着赞美！

第 9 章

至死也候命

1934 年，美国来华的师达能和史文明（John and Betty Stam）夫妇在华南服事，他们是新加入的年轻宣教士，隶属中国内地会（China Inland Mission）。那年年底，师达能和史文明夫妇在安徽旌德遇害。他们将年轻的生命献在了祭坛上，成为至死向神忠心候命的榜样。（我们一家当时在华北。虽然父母察觉到存在的危险，他们还是如常服事，没有间断，同时护卫着仍是小孩的我们，免受惊恐。）

交付神手中

1934 年 12 月 6 日师达能夫妇被擒。当晚他们曾传信出来，表示尽管他们已一无所有，"却为心中的平安感恩。并为今夜有饭吃感谢神。""至于我们，无论是死、是生，惟愿神得荣耀。"达能写此信后，他们就遭押解在城内游街示众，受凌辱，而且被弄得衣衫不整。然后，夫妇二人被迫下跪。他们就在那里，把生命交付神的手中；12 月 8 号，师达能和史文明被当众斩首。

师氏夫妇遇难不久，中国信徒们从藏身处走出来，找到师氏那幸存的三个月大的女婴，在包裹着她的毛毯里发现两张她父母悉心留下的五元钞票。信徒们用这些钱找来一位乳娘喂养她,并稍后把她偷运到同样是宣教士、在中国另一地区服事的外祖父母史觉德夫妇(Dr. and Mrs. Scott)手中。最后,他们把女婴送到美国,由她姨母抚养。

那群中国信徒细心地给达能和文明重整衣冠,并将其尸身与头颅移至芜湖城中的宣教士墓园去,在那里为他们举行殉道者葬礼。从师氏一家的生命中,我们看见随时候命、被神所用,有时确实代价不菲!

师氏一族

殉道的师达能一门七杰,每位兄弟都是美洲大陆上不同基督教事工的领袖。达能与文明殉道的惨剧成了全美报章的头条,震动了整个美国。有人出版了一本感人至深的书,名为《师达能与史文明的胜利》(The Triumph of John and Betty Stam),记述这对满有恩赐、全心事主的宣教士一生的经历与殉道事迹。

跟我在惠顿学院的室友德莉(Doris)结婚的那位师约翰(John Stam),在他的达能叔叔殉道时年仅六岁。年轻的约翰为之深受感动,最后自己也踏上宣教之路,到哥斯达黎加去。其实在师氏一族其他成员及后代中,很多都因这件为主殉难的事迹受感召,在非洲、印度、厄瓜多尔、阿拉斯加、意大利、法国及美国的宣教工场上(例如"青年生命",Young Life)服事神。达能与文明的生命,显然没有因离世而停止。

我的室友德莉及其夫约翰一早就想跟我到中国去,尝试找出他们那殉道的亲属葬身何处。因为我懂得中文,他们就希望我能领路，冀盼拿着那本《师达能与史文明的胜利》能找到线索，最终寻着他们的坟墓。

有空展开旅程

由于授课安排，直至 1997 年 5 月底我才有空跟他们展开行程。那时我已退休并在美国完成了最后一年述职。无论如何，我想回香港见证这殖民地从英国归还中国的历史时刻。现在我无事一身轻，可以跟师氏一家开展这引人入胜的寻访之旅了。不过，由于中国国内的许多墓园在多年前已被毁，这次寻访充其量只是一次没有把握的探险。

我终于有空了，约翰却仍忙着，走不开，所以只有其妻德莉及女儿碧琦（Becky）飞来香港跟我会合。他们在香港回归中国后的第二天抵达，所以，前几天挤满来采访的各国记者的航空公司，总算有空位给她们了。

透过香港基督教青年会（YMCA），我们订了上海基督教青年会的房间住宿一晚，然后就登上一班簇新的列车，从香港到上海去。我们祈求神引导这个在人看来不可能完成的任务。

在列车上的数小时中，我们接触到很多其他乘客。他们十分好奇，为何同车的三名洋人会到芜湖去。乘客中有位讲英语的陈先生十分友善、乐于助人，宣称自己是基督复临安息日会（Seventh Day Adventist Christian）信徒（虽然他依然享受在列车上的狂饮）。他说："我兄弟在芜湖那间政府登记的大教会中担任风琴手！"多巧啊！这位陈先生答应致电其兄弟，请他到时接我们，然后在芜湖为我们领路！中国当时有十亿人口，我们竟能遇到此人，想必是神引导我们在这列车上碰上他的。

我们入住上海基督教青年会那夜，陈先生就继续行程，回到南京的家里去。我们离开上海后，下一站也是南京。陈先生安排了第二天在南京跟我们会合，地点是从列车站开出的十三号公共汽车总站。他会在那里等我们，然后让我们在他的健身中心睡一晚，做为他给我们到芜湖途中的祝福。我们三个女子就在那健身中心的阁楼里，睡在运动用的软垫上。再一次，我们经历到神那叫人难以置信的引导与供应。

为了晚上的安全着想，陈先生把安装在人行道旁的钢制卷闸落下来，用挂锁锁上连到地面的钩子。"若失火怎么办？"我们被锁在里面后就问。"不会的。"他回答说。大约午夜时分，石块如雨点打在那落下的钢制卷闸上，那嘈杂声令死寂的夜变得吓人。幸好我那两位室友疲倦得睡过去，充耳未闻。我往窗外偷窥，看到人行道上众多广告招牌中间那些向我们掷石的人。原来他们并非少年，而是一群成年男人！难道是因为他们看见我们几个洋女子进了这中心而这样做？他们打算闯进来吗？我有点体会到达能与文明六十三年前心中那份恐惧。一小时后，掷石的举动突然停了下来，那保护玻璃门和店面装饰的钢制卷闸，把那一切都挡住了。感谢神的保护，但我还是好一阵子后才能入睡。

早上，陈先生坐着电动脚踏车，带着从市场买来当早点的蒸包子来看我们。他开了那落下的钢制卷闸，打开店门让我们出去，然后把我们送到列车站，让我们登上到芜湖去的长途列车。

我们约在中午以前到达芜湖。我们问了好几位出租车司机，最后才找到一位知道那间政府登记的大教会所在。我们想找那里的传道人和风琴手陈先生，看看是否有人晓得从前的宣教士墓园在哪里。据那本有关师达能与文明的书所记，他俩就被葬在该处。教会的保安员和清洁工告诉我们，教会所有职员平日全都到各村子去服事。这一天是周四，若我们想见任何一位传道人，就必须于主日早上再来。

黄 山

我的同伴们携带了《孤身闯地球》（编者按：原名为Lonely Planet，主要书刊为旅游指南）出版的中国旅游手册，令我们能善用主日前的几天。中国的黄山壮丽景色闻名，是游客"不能错过"的名胜。乘五六个小时列车，我们就可于黄昏到达山脚，第二天有缆车把我们送到山上去。

我们完全不晓得，乘列车从芜湖到黄山山脚有多困难！列车挤得无法想象：座位全都满了，坐在地板或行李上的人把通道也给塞满了。人们不但坐在两排座位中间的小桌子上，甚至蹲在桌子下；各车厢之间也有人危险地攀附着，随着列车左摇右摆，他们虽然冒险，倒能吸取新鲜空气。我们早已汗流浃背，还要拉着那些为一个月行程预备的行李箱走动。我的腿和足部都患有关节炎，未来六个小时里，根本无法在开动的列车上站着！按现在的情况看来，恐怕连登车都成问题。

神却差了位青年军人来帮助我们。他对我们礼貌有加、关怀备至。邀请我们登车之余，还帮忙开路，闯过那人潮汹涌的通道。"请让路！谢谢！……请让路！谢谢！"这几句话,换来不少怒容。军人在中国颇具权威,于是他不断在发出命令:"请让开!请让开!"听到他的命令,挤在座位间通道上的人,开始彼此再挤近一点,好让我们和行李过去。那个青年军人执意让我们继续前行,一直走到第四号车厢,因为那里是餐厅,我们可以找到座位。快到餐厅的最后一节车厢,其中一角有铁杆子围着,让检票员得以安顿其中。那个青年军人叫检票员给我们打开餐厅车厢,他竟遵命而行。一旦进到餐厅,我们就得点餐。虽然食物很糟,我们却十分感激,因为余下的车程有位子可坐。幸好有那位青年军人,说不定他是天使呢!

抵达山脚下已是夜晚,大部份乘客都下了车。夜幕降临,身处如此陌生的城市与众多旅客中间,要找个房间过夜又谈何容易。那个青年军人叫我们在车站等候,他要进城去替我们找家旅店。他果然找到了。我们外国人若亲自去订房间,价钱必会高昂得多,相信也无法靠自己找到。离开以前,这军人导游还指教我们,怎样找到第二天早上登山的缆车。现在回头看来,能有这种引导,机会实在微乎其微。我们经历到神的应许:"我要定睛在你身上劝戒你。"(诗篇32:8)

第二天早上,一大串坐得满满的缆车,载我们横渡一个树木茂密的美丽山谷,登上山顶,饱览雄伟壮观的美景。听说一年里只有大约三天,山上晴空一片、万里无云,让人能尽情俯视一望无际的景色。神赐福给我们,碰上了其中的一天。

远足了好一会,我们在山顶一间餐厅用膳,然后坐缆车返回,那个周五转眼过去。我们在另一家简陋的旅店住了一夜,就于周六早上去一些温泉看看,又在市内游览,午后就出发前往车站。一群心情愉快的大学生刚到过黄山，现在要回到北方上课。他们跟我们一起朝车站走去。他们很渴望跟真正的外国人练习英语。这些年轻小伙子既有礼貌又乐于助人，把我们重重的行李仿如无物地扛在肩上。对我们而言，这是极大的祝福，因为登车时我们要爬上一段阶梯跨越一道铁轨，又要走下去，然后再爬另一段，来跨越第二道铁轨。这样重复上下，直至最后到达我们的列车。学生们跟我们同车，目的地却是更远偏北的地方。很感恩，这回程的列车没先前那么挤。我们跟学生们一起十分快乐，路程好像一下子缩短了。

我们途中有机会跟他们分享福音，原来他们从未听过，大家听得很留心。被问及打算到哪里去，我们回答说"芜湖"之时，他们就大叫："噢，贼城！"芜湖城内无法无天，显然恶名远扬。"你们什么时候到达？"我们回答："午夜十二时十五分"，他们担忧得叹息连连。中国每个列车站都有座旅馆，我们打算在列车站的旅馆住一晚。

到了芜湖车站，只有我们三个女子下车。深夜里，车站内只有两位清洁女工，我就向他们打听旅馆的位置，他们向车站出口处扬手，说："外面……外面。"朝外一望，我们看见数间呈半圆形排列的商店，全部都有保护前门的钢铁卷闸，而且都放了下来。没有街灯，再前面有一条大路中间好像有一堆楼宇聚在一起，中心部分有灯光。我们怎么办？

骑电动脚踏车的女士

正当我们站在漆黑中发呆不知去向时,一名中国女子骑着电动脚踏车来到我们面前。她停下车子,用普通话问我们有何需要。"车站旅馆。"她说:"噢,到这边来。"她扔下车子,一手抓住我行李箱的手柄就向前快走,把我远远地丢在后面,德莉和碧琦也一起拖着他们的行李箱,紧紧后随。我害怕我的行李会不翼而飞。那个夜晚又湿又热,大家都全身湿透了。我们以为这女子是在为车站旅馆拉生意。不久,她带着我的行李箱走回来,自己也汗流浃背,告诉我们车站旅馆的入口不在那堆楼宇那边。她提议说:"我们试试另一边。"她明显并非旅馆负责招揽生意的职员,因为她连入口在哪里都不晓得。

这次找到入口了,我们四人走进去,看看这里是否有房让我们入住。我转过身去,想给那骑电动脚踏车的女士一点零钱,报答她的帮忙,她却摇头谢绝了。我知道在中国鲜有"免费午餐",她拒收那些钱让我吃惊!我疑惑地猜想,她到底是谁?又为何会帮助我们?于是问:"那么,你为何帮助我们?"她喃喃地用普通话回应我时,旅馆文员正追着要看我的护照。我递过去,再转头要继续跟那女士交谈,她已经踪影全无,好像一下子就消失了。我冲出门去,往街上四处张望,竟不见一人!

有人领我们到房间去。那里设备简陋,只有粉刷的墙跟三张各自架了蚊帐的小床,有水可供沐浴,天花板下还悬着一支照明灯管。

现在我们三个旅客有时间好好思想。各人都在猜:"那骑电动脚踏车的女士是谁?"她怎可能就这样消失了?她为何自找麻烦，帮助我们几个完全陌生的人，然后不肯收取酬劳？我只有一个结论："她必定是天使！"除此以外，我找不到其它解释。我们感谢神让我们在这"贼城"的一夜里，经历到祂的引导与保护。这真是个不可思议的晚上！

寻找墓园

主日早上，我们雇了一辆出租车到那个政府登记的教会去。由于不知道最早的崇拜何时开始，结果到达时崇拜已在进行中。第一样引起我注意的是，整个院子坐满了一排排的会众，他们肩并肩地坐在五英寸高的长凳上。德莉印象最深的是停在教会外、伸延至很远的脚踏车长龙，其次才是院子的拥挤情况。室内座无虚席，这都是没法挤进教会里的人群，他们灵里多么饥渴！

我感到尴尬，因为招待员坚持要给客人室内的位置，所以安排我们坐在原本已坐满的第一排座位上。我留意到那位风琴手，毫无疑问，他应该就是那位在健身中心招待我们的陈先生的兄弟，因此，教堂里这位陈先生应是在等着我们的。那传道人讲道用的是种不纯正的普通话，我听不懂。崇拜完了，我们就向那风琴手自我介绍。他的英语讲得很好！可惜，他和那个传道人都来了不久，根本不晓得师氏夫妇六十三年前下葬之地。

我问："你们的会众当中是否有人来此已久，可能会记得从前宣教士墓园的位置？"他回答："除了我们那位八十六岁高龄的传道人就没有了。他大概是唯一在世，还能记得师氏殉道事件，又知道他们葬在哪里的人。不过，他今天不在。我们会试试替你们联系他。"

最后，他们打电话找到那传道人，发觉他正在病榻上，无法跟我们相见。我们决定留下来过夜，等第二天再试试。我们甚至联络警方，看看他们是否有跟旧日的宣教士墓园所在地相关的记录。他们也毫无头绪，并说中国所有墓园在多年前已全被毁坏，没留下半点痕迹。

周一早上，风琴手陈先生已打电话给那传道人，知道他已康复，并乐意跟我们会面。由陈先生给出租车司机指路，我们终于到了那传道人的住所附近。我们女士先等陈先生把那传道人的家找到。中国的地址都不很详细，他的房子就在铁路后面第三条小巷的某处。陈先生从小巷的一端开始，一面搜寻，一面查询下去，直至替我们找到那位欢愉健朗的老绅士。他简朴的房间在一排住处中间，我们应邀进去。他热忱款待我们，并以一口流利英语与我们交谈。令人惊讶的是，不但他知道旧宣教士墓园的位置，而且墓园也在步行可及的地方，连出租车都不用坐！

我发现这些人都惯于走路。这位传道朋友虽已年届八十六，比我们年长得多，我们却差点赶不上他的步伐。对我来说，这段路程很远。最后，我们到了一个宽阔美丽、四面围栏，满地绿茵看似公园的地带，有穿着制服的警察在安装了闸门的入口站岗。传道人叫我们稍停下来，等他先上前去请求守卫允许我们入内。

那公园的草地修剪得很用心，一旁有座令人印象深刻的砖砌建筑，听说是供政府人员使用的精英健身中心，不过我们没有进去看。

一条小溪流经这禁闭式的宜人小公园，溪上横跨着一道中国特色的华丽拱桥。可是，对我们而言，意义最重大的莫过于令公园处处生色不少的那片可爱的黄竹小丛林。我们的传道朋友说，那旧日的宣教士墓园，就在那片美丽的竹林下面！他知道而且记得，并可作证那些宣教士的坟墓从未遭搅扰。没想到，所有众人皆知的的墓园用地都被毁掉、重新开发、做了其它的用途，这个旧日宣教士墓园却存留下来。神以这般优美的手法，把属灵老战士们的遗骸小心保存下来。德莉跟她女儿拍了很多照片。神就是如此幽默。是华人基督徒在数十载前栽植了这片竹林，用以隐藏及保护这群从神而来、受人爱戴的使者之墓园吗？神带领我们寻得他们坟墓的方法何等奇妙，这地点大概只有神和那位特别的老传道人才知晓呢！

我们三位女士请客，邀陈先生及那老传道人到馆子去用餐。这顿饭价格合理，对他们而言却属奢侈。不同凡响的是，他们二人都讲英语，我们遂能以英语交谈、询问并聊天。德莉把她的英文圣经送了给那老传道，他如获至宝，因为从来没有英文圣经。我告诉风琴手陈先生，我行李箱里有本中英对照的新约圣经可送给他，但那行李还在列车站被保管着。能得着这礼物，叫他喜出望外。回到车站去，两位男士给我们指出，车站整面墙壁上端有一帧壁画，画的正是芜湖。画中两座山，中间有山谷。他们指出，那个山谷恰是从前宣教士墓园的所在。"你们日后若再回来，想重游那昔日墓园，只要给计程车司机看看壁画上的山谷，他就会带你们去。"任务就这样完成了，我们真是连做梦也没想过。

登上列车以前，我们跟这两位宝贵的主内弟兄道别，又感谢神带领我们成功找到墓地。在辽阔的中国大地上，把一片细小的神圣墓地找出来堪比从干草堆中找出一根针还难。德莉、碧琦和我坐列车回到上海，在那里分手。她们飞回北美及哥斯达尼加，我就乘普通列车北上到外蒙，参加一个青少年英语篮球营教授英文。那又是另一则故事了。

蒙古青少年营

苏俄控制外蒙那四十多年间，政府每年都惯例举办少年夏令营，藉此发掘初露头角的领导人才。政府给予这些被选上的青少年人荣誉，把他们送往苏俄受训并且学习共产主义。自90年代初，俄罗斯撤出蒙古后（听说是经费太高，难以维持），办青少年夏令营成为他们的传统。

有效的工具

由于篮球很受蒙古人欢迎，加上有位国际知名又比别人高出一头的蒙古篮球明星信了主，而且生命力十足，传福音机会的门因此给打开了。

基督教宣教士联同蒙古信徒抓住这机会，赞助了一个为期十天的青少年营，指导并训练青少年学习篮球技术和英文。来自美国的英文老师，加上这篮球明星做教练所带来的愿景，令这特殊的营会更具吸引力，超过五十名小伙子报了名。他们都把随身带来的睡袋等杂物和衣服，以兴奋的心情堆进其中一辆营会租用的旧公共汽车里。目的地是个偏远的夏令营地，位处一座树林密布的深山边陲。挤满人的公共汽车在充当公路的车辙上蠕动，颠簸着前进，光是那段到营地去的车程，本身就是一场历险。

这个营地以简朴原始的住处著称。我就拿着自己的睡袋，跟一位能讲两种语言的可爱的蒙古姐妹同住一间特别雅致的教师用房。这姐妹是来协助这次夏令营运作的，我愈来愈珍惜与她相处的日子。

营员的年纪从十二至十八九岁，按年龄分两批用膳，每餐两轮把食堂挤满。一辆运水的货车每天早上都会驶过来，供应仅够厨房使用的可饮用水，并给营员干净水用来在户外水槽洗脸、刷牙。他们都是讨人喜欢的孩子，快乐、兴奋，并渴望每天在这些不熟悉的环境中面对新一天。他们讲的当然是蒙古语。我们有几位十八九岁或二十出头讲双语的蒙古女孩做翻译。约一半营员报名参加篮球班，另一半只参加英文课。英文课分为初、中、高三级，每级由一或两位美国老师及一位翻译负责。

我们的英文教材购自播道会总会，都经细心准备和出版，每课都穿插了圣经材料，例如一周中每日的名称都围绕着创造的六天来教授，生字包括天体、星系，又比如各种类的雀鸟、鱼类、植物和动物。我们一面教授英文，一面讲解基础圣经真理。

营会的最后一天，所有参加者都获邀到最大的户外帐幕中，出席一个联合闭幕大会，我应邀在翻译协助下，宣讲布道信息。由于苏俄政府的教导仍深深影响着新蒙古政府领导人的世界观，我们在当地的宣教士，那时对于所教导的基督教教义（尤其对十八岁以下人士），必须十分谨慎。举例说：来自一间精英英文学校的十二岁男孩，以纯正英语认真又震惊地问我："是真的吗？神果真创造了世界吗？"他若如实把我的回答转告给他那在政府中身居要职的父母，接下来我们就必遭责难了。我们的团队用了很多时间为这营会祷告，特别是那离营前的布道会。我的确倾尽心力把上帝之爱的福音带给他们：神爱世人，甚至差祂儿子来为我们的罪而死。我记得收到一些正面回应，尤其来自那群翻译。

我们的蒙古宣教士为要继续留在当地，无法把福音讲得清楚、完备、开放，他们却鼓励我这样做。他们解释，我可以如此，就是日后他们受到苛责，大可归咎于我，说："噢，那个开放地谈论自己宗教信仰的美国教师，早已不在蒙古了！"由于我到时已离开，因此不会被驱逐出境，问题也就解决了。营会中的外来讲员在撒播福音种子时自由更大。这是"灵巧像蛇，驯良像鸽子"吗？

他们特别为我们外国教师着想，付出额外的劳力与金钱建造了一个西式厕所。不过，我最终都不知要向谁道谢。男厕和女厕都在同一单元内，背对背以墙壁分隔，内壁的表层是闪亮的白磁砖，有西式的洗手盘和马桶。这整套设备令人印象难忘。谁会料到在贫瘠的蒙古大地上一个简陋的营地中，可以找到这样的设施。我们的难题只有一个：没有水！正因这缘故，没有人用得着那套设施。内急时，我们还得跑进附近的树林里解决。能跟那群宝贵的孩子分享神的爱，是我的荣幸，这小小的不方便又算什么？

我从那里（那是 1997 年 8 月）飞回美国的安舒环境里去。在那个时候我**已预备好再为神随时候命**，在明尼苏达大学的华人学者中间，开展我退休后的新事工。

第 10 章

追求与婚礼

一封于 2002 年 12 月 15 日寄出,引发大家悬念的电邮:

圣诞的问候——蒙福的秋天

这特别的季节尤其让我们想起神奇妙的作为——祂向我们寻求一个爱的关系。祂爱世人,竟把儿子差来,让所有信祂的不致灭亡,反得永生!而这生命在祂儿子里面。"**人有了神的儿子就有生命,没有神的儿子就没有生命。**"多奇妙!

2002 年 10 月 18 日,我到东方去进行了另一次短期宣教。除了打算在一些香港华人教会中讲道、跟老朋友以及一些神学院从前的学生联系,我还想把华人、蒙古人和印度的班加拉吉卜赛人(Banjara Gypsies of India)带进与神相爱的关系中。然而,神的方式却跟我的计划背道而驰。

初抵香港,我首先前往播道医院去做一年一度的健康检查。一星期后,我去取回那显示一切正常的医疗报告时,却在医院里绊倒,而且伤势不轻,竟要留院五天。我跌倒时,那条一直因旧伤患而发僵的右腿,弯曲着被压在了身子底下。我因痛楚发出尖叫,医护人员立刻为我治疗。这不在我计划之内。X光片显示没有骨裂,但磁力共振却揭示我膝盖有软骨和韧带撕裂了。在余下近两个月的宣教行程中,我都要挂杖走路。医生说:"真是个奇迹,像你这样腿部发僵的人如果要除掉那僵硬的情况，需要进行全身麻醉手术才行，你倒是因意外弄妥了。你的腿需要点时间康复，不过在痊愈后，发僵的情况也将不再有。这确实是个奇迹！"（我却宁愿要全身麻醉。）

意料之外的探访

住院期间，神有工作给我，祂让一个生命危在旦夕而心灵备妥的病人住到我旁边的病床。我十分高兴能把她带进神和人那爱的关系中。"主啊，这就是我摔倒的缘故吗？"

可叹的是，基督教医院也不能全聘基督徒护士。神以祂的智慧，叫我在适合的时间住院，并安排了两位心灵已预备好的护士到来，好让我在她们照顾我期间，领她们跟祂建立个人关系。很明显，我摔倒的意外虽不在我的预期之内，却在神的计划之中。住院时，我其实也有很多朋友要探望。不过，这次用不着我四出寻找，乃是他们在我休养期间到医院来探望我。重温旧情，何等宝贵。

为了缩短这封电邮，我就直接说说我那为期两个月的宣教旅程结束时的情况（其中包括在中国和印度两地的冒险行为）。对于印度之行，我刚才也提过，我到了海德拉巴（Hyderabad）去探访那里的班加拉吉卜赛人。他们族群人数众多，是群未得之民，跟我一直有联系。我在威斯康辛州的母会奉献了三千美元给他们，足以建造一间简单的礼拜堂。那次探访时，我仍挂着拐杖、满心喜乐地给他们的献堂礼剪彩。那天有四百个吉卜赛人拥挤地坐在教会的地上。此时，我希望这群人也能经历与神相爱。

从机场离开

　　12 月份我仍跛足，因此需要人帮忙，把我和行李送到那新落成、规模庞大的香港国际机场，帮我返回美国。我在播道神学院的一位前同工提出用小型货车送我，并雇了在她先生的大学就读的学生 Victor 帮我搬运行李。在前往机场的长途车程中，我得悉他不是一个基督徒，就跟他分享了一点有关耶稣的事。他们把我送到机场，给我弄来一张轮椅，又替我办好登机手续。为了表达谢意，我便作东，请他们在机场里的餐馆吃早点。

　　我们一面吃着面，一面闲聊，Victor 透露："我想为人生找套信仰系统，却不知哪条道路是对的。我目前向佛祖祈求，但生命仍感空虚。"（这些外邦宗教没有"一位爱我们的神"这种观念。）我于是问他："有一天，你会不会希望经历这位神的爱？祂就是我们一直在谈及的创造之神。"他缓缓点头。我再问："什么时候开始才好？明年吗？"他半晌默不作声，我等着，一直在祷告。他突然回应说："就现在吧！"就在回家的航班快将起飞前，我们很高兴见到 Victor 因开启了跟神的爱的关系，脸上流露出喜乐来。

惊险事件

　　以下是我跟神一起在中国（有关那蒙古文新约圣经及蒙古福音短波广播的事）、以及印度那吉卜赛村庄的探险与历险。不过，我想首先让大家窥看另一则不可思议的爱情故事，是我在这旅程中的亲身经历！给我这东方宣教行程中经历的众多恩典划上完满句号的，是我在科罗拉多的丹佛中途停留的九天。到最后，这旅程竟然以**一枚给我的婚戒**结束，并加上在翌年二月十五日于威斯康辛州我母会举行的情人节婚礼！这**爱的关系**的详情不久会在下一封电邮里送上。

（以下的电邮来回传遍世界！）

我的爱情故事

不可思议的故事，追根溯源要回到四十年前。1957年，我以宣教士身份回家乡述职，被派往南达科他州的苏瀑市（Sioux Falls, South Dakota）一个播道会宣教大会中演讲。找到那教会的位置后，我便到那里，看看应怎样往牧师宿舍去（按安排，我要在那儿吃晚饭和住宿）。当下四野无人，只有一个满身煤灰的工人在修理教会的火炉。他给我引路到隔壁的牧师宿舍时，我问他说："请问你是谁？"他回答说："噢，我是这里的杂工。"那天傍晚，牧师回来跟家人一起吃饭时，我才惊觉那杂工原来就是华恩·奥逊牧师（Pastor Vern Olson）——他是那种"什么都自己修理的人"。那天晚上，我在他教会讲完道后便离开了。后来，我们在一个播道会国际会议上重逢时，我一面大笑，一面叫他"那个杂工"。

2002年的这个夏天，也就是四十五年以后，我接到个令人意外的电话。"我是那位杂工！"我已跟他失去联系数十载。然而，这次他没有大笑。去年冬天，他心爱的妻子去世了，孤寂叫他非常沮丧，不知所措。他一向都忠心使用播道会差会的祷告指南来代祷。当时，他一直在指南里寻找事奉上的老朋友，希望找到人分担他的悲伤和孤单感受。他致电三一神学院的老同学韩德纯（Roger Anderson）牧师时，发现他们一家正在面对严重的医疗问题。他推断说："他们自己的烦恼已经够多了。"他向韩牧师查询我的资料,希望找我倾诉。我的名字在指南上,在香港时我又曾跟韩牧师一家同工多年。经韩牧师推荐,华恩给我打电话吐苦水。

想起父亲在相同处境中也曾如此孤单,我很同情华恩。我在电话中跟他祷告,并告知如果他需要支持和鼓励,我乐意随时相伴。"不过,我必须事先声明,我没兴趣谈婚论嫁!""我也没有。"他接着说,一面仍沉浸在哀伤中。

我们继续每天通电话。随着我们在电话中的交谈,我越发认识这坦荡荡的敬虔男士,就越发仰慕他的品德。我们之间相似之处多得叫人匪夷所思:同样的人生目标、方向、价值观、标准、生活模式和习惯,还有承传自瑞典的相同文化根源,而且两人也同属播道会这宗派。我们成长的家庭中,每天皆有家庭崇拜,二人也同样在农场上生活过,饲养牛羊——我在威斯康辛州,他在内布拉斯加州。我们上过同一个学院,认识同样的朋友——他在三一神学院任教时,我在那里就读,不过我们的缘份只是差了那么一点点,从未遇上。他热衷于个人布道和教会植堂,而我亦然。神使用了他来参与组织四十二间播道会堂会,包括伊利诺州鹿田社区播道会。那时他正在三一神学院任教。不久我又发现,这位昔日的农场小子,除了牧养及组织新堂会外,也曾在世界不同地方的四间大学及四所神学院授课。

我在年轻初作宣教士之时,曾跟神说过,盼望以全部青春和精力来服事祂,不受家庭牵绊。我可以在退休后却非退休前结婚。然而,我退休后所蒙的福,以及中国事工带给我那极大的满足感,令我十分珍惜单身生活的自由。这使我没有再把心思放在婚姻上。因此，我放弃了退休后的结婚机会，并打算一切保持现状，直至离世。

华恩·奥逊博士早前问过我，他10月来参加在明尼阿波里斯的水晶播道会举行的差会庆典时，可否跟我见个面。我同意了，因为我的人生并非由我掌管。然而，我强调说，我对现状很满足："就算神也难以改变我。要我在死前有所变动，恐怕祂要显出非常的作为来！"我的家人、母会、朋友都在威斯康辛州这儿，在双子城里又有华人事工、大园圃，我更在生机盎然的贸易河上的乡郊，租下一间周遭环境理想、有百年历史的农庄作居所。况且，我认为我的人生一直以来都如此独特，世上不会有任何男士真能了解我在东方度过了的大半生，也不可能对此产生共鸣。在威斯康辛州我家的农场长大后，我在香港从事学生事工、文字发行、植堂并个人布道四十四年之久，其间三十五年在播道神学院里教书。

我跟华恩除了都有参与类似的事工外，后来我还知道他任教过的其中一间神学院，就是我从前任职的香港播道神学院。当时我惊讶不已！我不知道，原来他在1996年到过播道神学院，教授短期课程。那时，我刚离开神学院到中国去治疗风湿性关节炎，并学习普通话。他在我的学院教过我的中国学生，因此能亲身领略并理解我过去三十五年在那里服事的情况。这所有都是纯粹巧合吗？这事越看越像"神在牵线"。如果这一切外在环境确是神所设计的，我就不会那么容易摆脱这段关系。我强迫自己抛开这些想法，因为我不愿面对，但另一方面，我却不敢阻碍他来电。我们倾谈的时间，已经延长到每天早上、傍晚都多于一小时。每天、每周、每月倾谈了这么多个小时电话，我们的确已经彼此明白和了解对方的内心。我把跟他交谈当作"事工",为要帮助神的一位老战士!对他来说,却越来越"不止于此"。

华恩在电话中向我求婚时(直至那时,我们仍然超过四十年没见面!),我告诉他我敬重他,并仰慕他的行事为人。不过,我没有动心。"但我认识一些很想结婚的女宣教士。我给你介绍几位吧。"他的回复令我永志不忘:"不需要。我只想娶你。无论多久,我都会等你。"最后,他赢了!对于神把我们牵引在一起,那越来越多的证据叫我无法视而不见。我逐渐顺服,这婚姻是"命定的"——神所命定的。

电讯销售商的配合也叫人难以置信。"若你试用我们的电话服务,敝公司就会免费送你二百分钟国内长途电话通话时间。"就在这免费通话时间用完时,随即又有另一家公司提供一千分钟的类似优惠。等到那些都到期,也就是我这次旅程开始前一个月,我们竟然获得一个月内免费国内无限通话服务。我们当然用尽这些优惠啊!

我开展东方之旅以前,已跟华恩透过电话互许终身。然而,我若希望见见从前在香港的学生,听听神在他们人生中的作为,我就必须把计划保密——假如他们知道我不久将要结婚,他们就只会整天跟我谈这个。因此,我们没有向人透露这些计划,除了我的牧者夫妇,其他人连半点蛛丝马迹都找不着。在完成这次东方宣教旅程的回家途中,我有机会在丹佛跟华恩及他的家人共度了九天。我们在那里拿出钻戒,正式订婚,又获接纳成为退休村的住客。然后我就回家去,首次跟家人和母会分享这消息。最后,只消一封电邮,全香港就会知道我们这"世纪消息"。这就是我们的部署。

丹佛的都会地区有八千多华人聚居。对于建立丹佛华人播道会（Chinese Free Church of Denver），华恩·奥逊博士是关键的推手。现在那教会的牧者夫妇，是我从前播道神学院的学生。神开了门，让我能跟华恩成为伙伴，在丹佛的华人中间一起服事。这是何等难得的机会！

我们安排了2月15日下午二时正，在距离圣保罗市以北一个半小时车程的贸易河播道会，举行情人节婚礼。蜜月过后，我们有充足时间处理我在威斯康星州的额外家当（把两人的东西合并起来，迁进一所私人公寓去。所以，我们不需任何结婚贺礼。）然后准备在退休村（位于丹佛西北市郊的威敏斯特）里一套一居室的公寓中安居。华恩曾遇上严重的交通意外，车子从后被撞（动过六次背部手术），获得一笔保险赔偿金。我们把两人的资产集中起来，决定在这退休村里买下房子，让华恩先入住，我会在下一年才搬进去。另外还要每月缴付一笔颇昂贵的费用，让我们享用电力、暖气、冷气、有线电视、洗床单衣物等，还有每天一次、隆重程度媲美希尔顿酒店、要盛装出席的晚餐。在香港简朴地生活了这么久，这里如此奢华的生活，倒叫我不自在呢！我俩的社会保障金和养老金加起来，刚好能应付这笔开支。

这退休村最吸引人之处，就是保证会照顾入住者直至离世，哪怕是你的钱用光了。这样一来，我们也就不会因逐渐老迈而成了别人的负担。除了寓所式的独立生活，到我们无法照顾自己时，村里会提供生活上的协助。最后，还有全面的医疗护理，包括：日常生活的协助、专业护理及脑退化症护理。丹佛的湿度很低，对我再适合不过。

从我们寓所的观景窗户往外望，就是那顶峰终年积雪的洛基山脉（Rocky Mountains）。楼下一层是个室内泳池，里面有温水池、蒸气浴，以及一个设备齐全的健身中心，更不消说那一流的教牧图书馆、木工室和工艺中心了。村里甚至有一小块土地作园艺之用。整个组合建筑占地二十七英亩，园林有人修剪整齐，而华恩大部份家人都住在近邻。神给我俩的恩典实在丰富！

我一生看来就像一连串神迹，而这新动向实属锦上添花。我甘愿把最好的年华献给神的时候，不曾察觉祂会以我无法想象的退休生活来赏赐我——包括一位我甚至不曾祈求过，如此美好、敬虔的先生。我在香港服事主，满怀喜乐之时，有人却在经历生产之苦，为我预备一个人口齐全的家庭，其中有五名儿女、十八个孙儿，而且个个爱主。我期望渐渐更多认识他们。主的厚爱叫我受宠若惊。正如希伯来书 11 章 6 节所言，神确实会赏赐那些殷勤寻求祂的人。

许德理·奥逊

这经历中的体会

在我们的婚礼快要举行以前，我在明尼苏达州大学的友好晚宴上，向百位华人学者分享了我们的爱情故事，以这故事这样来比喻福音：

我突然想到，华恩在向我追求一个爱的关系时，神也在竭力跟你们建立爱的关系。没有任何其它宗教里有位爱你的神，其他的神都是让人们害怕的。我们的"神""爱世人"，甚至把祂的独生子赐下，让我们可以跟祂在爱中建立关系。是罪把我们跟神隔离，所以神好像离我们很远。罪溜进来，毁坏了我们的地球，带来痛苦、争斗、伤害、不和与孤独，因为我们跟神分开了。若罪得进入天国，就连天国都会给毁坏。我们都有罪。我无法帮助大家，因为罪的工价就是死，我自己也有罪，自顾不暇。由于耶稣没有罪，由于祂是神，所以祂的死能遮盖全人类的罪。神作出牺牲，差祂的儿子来。因为祂爱我们，渴想跟大家相爱。

你知道吗？神在说"我爱你，会一直等你。"祂不会勉强你。若你试过单恋，你会明白伤害有多深。你拒绝神的爱时，祂的感受也是如此。我发觉当我回应华恩的爱时，我得着很多其它福气。不过，你知道吗？当你回应神，你所得着的更远超这些。

在伊甸园里，亚当、夏娃听信了撒但的谎言。神不许他们吃某树上的果子，目的乃为试验二人是否顺服。撒但却跟他们说："吃了那树上的果子，你们便能分辨善恶，那时就如神一样。"他俩想做自己的神。而自那时起，撒但就一直沿用这诡计："要是你相信耶稣，就不能再独立自主。"你们是否察觉，实情是神会反过来释放我们，不再受那些习惯和事物所辖制？你们可自由享受神已预备的厚恩。

我给各位的忠告是：不要像我一样，几乎拒绝了十分珍贵、奇妙的福分。神希望单独跟你们每一位建立关系。正如你们中间已婚而且婚姻美满的人，会明白我最初对华恩的回应是多么愚蠢。我们一群跟神建立了个人关系的人，渴望你们也能经历这事。这事难以言传，必须自己亲身体验。圣经用了婚姻来解释神想跟我们建立的关系。理想的婚姻是世上最贴近这关系的。神今天向大家提出的，正是这个。

各位可以这样回应祂："主啊！我一直都紧抓着自己的独立自主，不肯放手，求祢赦免我。感谢祢差耶稣来，为赎我的罪死在十字架上。我明白带罪的我无法进入天国，但耶稣的血会洗净我的罪污。今天我信靠祢，并把自己交出，让祢作主。"然后，你便得以踏进这爱的关系中，远胜我跟华恩在一起所能拥有的。今天只要你在心里这样回应祂，即可开始享受这关系。

奥逊伉俪

随时候命

第 11 章

携手并同行

我们的目标

2005 年 3 月,华恩和我连同六位丹佛华人播道会的领袖,一起前往巴拿马,展开为期两周的宣教旅程。我们的队员包括四位平信徒及一对传道人夫妇。后者二人均是我以前的学生,毕业于香港的播道神学院。我们希望协助并鼓励正在巴拿马城开拓一间华人播道会的 Samuel Wai 牧师。我以前到过巴拿马,那里令我印象深刻的,不单是迷人的巴拿马运河,更因那里有极多华人居住,坟场规模庞大,传福音的华人力量却相形见绌!我关心的是,那些华人永恒的归宿在何处?

我们的方法

为了跟当地人接触,队伍安排了华恩和我教授英文,其他队员教授电脑科技,我们也因此额外多带了几台电脑出发。抵达时,我们惊觉原来学生并没有预先报名,我们也因没有资料,无法预期可能出席英文班或计算机课的学生程度如何。"即兴"显然是当地文化,我们需要接纳他们的文化才能跟当地的人建立关系。教授英文时,我们打算把福音的故事交织其中。我被安排于一主日早上以广东话宣讲信息,华恩则于再下一主日通过翻译讲道。

得力的秘诀

　　这教会两年前从零开始，现在会众不多，约有四十人。我们求主带领，遇上心灵预备好的人，并藉着我们的接触，结出茁壮的属灵果子。我们知道，"收割灵魂"需要倚仗祷告，于是透过电邮，招募了一群忠心的祷告伙伴作后盾。我们跟巴拿马城内离乡别井的华人分享了神的心意。相信我在队中最大的贡献，就是跟那些祷告伙伴之间的连结：我一直用电邮把最新消息通知他们。明显地，这两周如果只有我们八个人参与，那么能为永恒所做的就少而又少。然而，有了来自美国和香港的祷告战士的加入，我们的队伍人数就大增。有他们藉着电邮紧密代祷，形势必然大大逆转。我们满怀期待地出发，准备一举攻陷仇敌魔鬼的要塞。

　　我们全队每逢正午前都一起祷告、分享。虽然我们还不知道将要遇上的对象，他们生命中有多纠结与混乱，但我们知道可以从神那里支取所需的力量。对大部份队员来说，这是他们头一次宣教。其实我们希望藉此把宣教的负担与异象，带回去给丹佛华人播道会的全体会众。这次行程对此成败攸关。

我们的软弱

　　出发以前，我们已感到仇敌魔鬼想阻止华恩跟我参加。一个月前，我动了心脏手术，而我们夫妇早前又双双患上由病毒引起的上呼吸道感冒，才刚刚康复。虽然如此，我们深切盼望的，还是趁着身心仍自如，随时候命，听主的差遣，积极服事。我们从医生那里取得健康证明，确保身体可承受这次旅程。无奈医生还给了我一些药丸，服后叫我整整三晚都不能入睡，免疫系统亦受影响。这些都在临行前发生，以至于后来把我引到巴拿马的医院去。华恩则在航班起飞前数小时失去平衡，往后跌倒，背部撞到一张茶几，痛楚难熬之余，更触及先前背部的伤患，雪上加霜。他有伤及脾脏或肾脏吗？在那关键时刻，我们要么就到急症室去，要么就继续踏上巴拿马之路。华恩决定到巴拿马去，服止痛药，带备用手杖，希望他能熬得过去。

宿舍

租来给我们住宿的房子，卧房有挂墙冷气机，让我们夜里免受炎热和潮湿之苦。不过我们没有床，只有地上铺着的床垫。这些垫子其实挺舒适的，可是对我们这年纪的人来说，躺下、起来，都是一项很大的挑战。

事工开始

第一天傍晚，我们参加了那个教会每逢周五举行的团契聚会。一位姊妹预备了一顿中式菜肴，饭后就有诗歌和布道信息。美食与联谊都是吸引人前来的点子。

坐车前往聚会途中，我竟获邀担任傍晚聚会的讲员。我问"讲多久？"回答是："噢，大约一个半小时吧！"我很乐意跟华恩共同分担讲道时间，他宣讲时需要中文翻译。聚会安排的过程如此松散，叫我们措手不及。不过，我们因为倚靠神，就意识到祂藉着我们说话，我们也知道，家乡那边的朋友们正在祷告。那天黄昏，约有三十人参加聚会，大都是年轻人，部份未信主。我们彼此问候、交谈，在等候那顿中式晚餐的足足一小时里都混熟了。那群华人都是离乡别井，面对复杂的社会与家庭问题。例如华恩辅导的一位年轻弟兄，三个月前刚辞了工作，希望到神学院受训服事主，现在盼望有人能支持他，他妻子却不同意，他们的婚姻因此正处于危机中。在我们将要接触的众多难题中，这只是冰山一角。

纠结的生命

一天下午探访的时候，我遇到一位年轻母亲，她在两年前丈夫因癌病去世期间归主。身为单亲妈妈，她为供养两名女儿挣扎求存，在美容院里工作。因为生意不好，她付出全部努力，工钱却只有一半。我们中间两位队友于是给她带点生意——付六块美元剪个发（三块归她所有）！她告诉我们，她那年仅八岁的女儿得了罕有的血液病，需要每月输血以保命。何等重压，叫人苦恼！我们在那里遇到的华人中，许多情况都大同小异，生活确实艰难。

那位母亲的美容院老板也有他自己的烦恼。那天下午，我前往探望他，跟他一起祷告。他内心柔软，而且宣称很想做基督徒，甚至告诉我有次曾祷告决志信主。可是，他感到无法出席教会聚会，因为他有一桩见不得人的生意——一间按摩院，雇用的都是遭丈夫遗弃的单亲妈妈，她们还有子女要供养。他还经营卖淫的勾当，那些女子可拿到收入的一半去养活儿女。他称只想帮助这些女子，因为她们能找到的工作，就只有这个！这老板说他已花了整整一年，尝试把那生意卖掉，让他可还清美容院的房贷。他觉得自己还未甩掉这损人的勾当，声名还是太差，不宜到教会去。当地的华人群体都晓得他的背景，所以他说："我到教会，会损害其声誉。甩掉这勾当后，我就会到教会去，表明我愿意跟随耶稣。"更糟的是，他的中国籍妻子不喜欢巴拿马，于是跟他离了婚，返回中国去了。若他真的信了耶稣，他该怎样对待现在跟他同居的巴拿马籍女子？她已给他生了个孩子，而且是他美容院生意的伙伴。罪，给我们织了个纠缠不清的网罗，但耶稣来了，要释放被囚之人。我们引颈以待，要看福音怎样解开那些被紧缠的悲惨人生，改变他们的生命。

治安难题

那里因为失业率居高不下，所以盗窃和抢劫频频发生。而华人经营的生意最常成为目标，因为他们都勤奋、节俭又有积蓄。当地人告诉我们，一个巴拿马籍工人若获得加薪，他可能会一直赋闲在家，直至把那额外的收入花光为止。因此劫匪们都宁可针对华人餐馆、家庭及商店。

一位华人母亲盖着下半截脸，来到教会。曾有劫匪冲进她的商店向她要钱，虽然她当时抱着婴孩，那些歹徒还是用来福枪把她的下巴轰掉，令她无法报警。七年过去了，她一共动了十九次手术，然而她还是不想别人看见她现在那张脸。不过，经历这惨剧期间，她看见华人基督徒的爱心，于是认识并相信了耶稣。

原定课堂

不少人对我们提供的电脑课颇感兴趣。约有六位学生来上课，其中一部分人是为了自己个别需要前来寻求帮助。我们的英文班可以说是惨败！学生的出席率浮动得令他们无法打好语文基础。虽然如此，我们却建立了关系。

属灵的仗

多亏在背后支持我们的忠心祷告伙伴。在头四天内，神引领我们的队伍遇上八位华人，他们都有一颗渴求、预备好的心灵，随时愿意接受基督做救主。我们也看见仇敌魔鬼反攻的证据，它攻击伤害最大之处，就是我们跟祷告伙伴之间的连结。

我用桌上电脑编制了一张名单，列出那些答应了为我们的巴拿马任务代祷的人的名字。抵达巴拿马后，我却发现那些宝贵的电邮地址无法传送到我的手提电脑来！那是我们这次任务的支柱。要从我手提电脑中那些过去的电邮资料，凭记忆重新制作一张祷告伙伴名单，工程实在艰巨。但感谢神，终于一张强而有力的祷告团队名单出来了，而且祷告也带来果效。

仇敌魔鬼又利用我临出发前的失眠问题，叫我的感冒病毒和哮喘再度活跃，最终发展成全面的支气管病毒性肺炎。在宣教旅程中，你不会希望有这事发生。不过，那几天待在巴拿马一所一流的医院里，却让我有时间祷告，并且每天和电邮上的伙伴联系，跟他们分享队中的奇遇和缺乏，产生了一个祷告网。总而言之，那就是我对这次任务最主要的贡献。

哮喘的祝福

2003年，我曾在洛杉矶一华人大会中担任讲员。其后，洛杉矶被大火围困，所有出路都关闭了。我吸了好几天的浓烟与灰烬，出现哮喘症状。虽然我的哮喘从没真正发作过，自那次以后我却每夜里都感到呼吸不畅，连连喘息，因此需要持续地到丹佛的国立犹太医院（National Jewish Hospital）接受治疗（这家医院治疗肺部相关病症的技术举世闻名）。我们本未指望疾病得愈，只想藉治疗控制病情。然而在巴拿马的医院里，我被安排接受一位格外出色、关怀备至的肺病专家的医治。她让我渐进地服用传统及非传统药物，经过仅五天疗程，我的病症就几乎全部消失。离开那医院不过三天，我已可以对会众宣讲主日信息，这全是神的恩典。

自此以后，我再没有整夜喘息，也无需再接受国立犹太医院的治疗。我的哮喘问题竟能消失，显然是因为我在那巴拿马宣教中随时候命，任由主用，真是无法预料的福分！我们的旅游保险还足够全数支付这次的医疗费用呢！

介绍传道人

当地的传道人 Samuel Wai 本是工程师，却提早退休接受再培训，服事主。他跟同样是五十来岁的妻子 Betty，都奉献自己随时候命，任由主用，在巴拿马城的华人中间建立教会。他们的个性极其随和、从容不迫，跟当地文化配合得天衣无缝，主动接触那里的华人时，轻松、亲和、愉快的气息尽显，我们需要效法。对这一大群没有家庭、离乡别井的年轻人来说，Samuel 和 Betty 夫妇尤如父母的"替身"，像磁铁一样，把这些年轻人吸引着领向耶稣。他们二人都做了很多"一对一"的个人布道和门徒训练，因为很多华人都在经营"便利店"，没空到教会，事工因而很花功夫，但这却是值得的。他们的初信者在灵里的成熟程度，让人印象难忘，这是个人跟进工作的果效。从主日崇拜中的表现，我惊觉这些归主不到两年的初信者，竟然拥有如此敬虔的心灵，这是我想也没想过的。

团队策略

我们的队员个个成熟、进取、精力充沛，人人对拯救灵魂满有负担，并且渴望带领其他华人认识耶稣。他们比华恩和我优秀，相见令人鼓舞。中午前的祷告小组和分享时间让各人得力，他们就前往四处，在茶室、商店并街上作见证，有些则在华人学校内见证主。不少华人开办的便利店均门户大开——由于生意欠佳，店员都感沉闷，于是乐得有人进来跟他们倾谈，结果多人决志归主。另一些队员就透过收音机广播作工，因为教会购进了每天三小时的广播时段。在那些心系本国音乐和语言的华人中，这十分受欢迎。

第二个主日，出席主日学的人数增加至六十位，另有四人在那天信了主。我们看见队员以特别的方式为主接近未信者，配合着祷告伙伴忠心的代求而结出果子。

青年外展

队员们创意十足，藉着比赛、话剧及演绎圣经人物等活动，在两个主日下午，向五十多位华人青年传输圣经真理和价值观。各队员事前做足准备，让圣经故事及其应用配合当地文化，生动地展现出来。那群人中有不少未信的年轻人，对队员们这样阐述神的道，听得那么专注、投入。一位队员有这样的感叹："我真不敢相信，两个半小时之久，他们竟然连洗手间也没上！"

晚饭时的见证

在我们首个主日下午的崇拜后，青年小组最后逐渐散去，我们获邀到一个布置温馨的家庭去，出席一场很晚才开始的中式自助晚宴。（当地家庭一般都在晚上十时后才吃晚饭。）女主人刚信主不足一年，她丈夫就定期参加崇拜，因此她肯定丈夫已信主。可是，他们的客厅里却仍摆放着从前祭祀祖先的物品和放置偶像的神龛，他舍不得丢弃。

饭后，在门前跟男主人握手道别时，我问他说"什么在拦阻你跟从耶稣？"他向在场所有客人表白说："噢，我的确是相信的！"我指着那放置偶像的神龛，他就急忙解释说："噢，这个……今年内我连一次也没碰过！"我说："你要再碰一次吗，除掉它！"他笑了。随后那主日，他在布道中决志信主，确实地把人生交给基督。

耶稣传影碟

还有一件神奇事分享，去年有人问我想要什么圣诞礼物时，我回答说："《耶稣传》影碟，能播放广东话及普通话的。"我收到的，却包括四种语言——英语、西班牙语、法语和葡萄牙语，我拿来怎样用都行。嗯！巴拿马应该有说西班牙语的人，因此我带着影碟前往，以作备用。我住院期间，那肺科专家流露出灵里的饥渴与困惑的痕迹，我把那有四种语言的《耶稣传》影碟给她时，她十分高兴，说："那些语言我全都会，我跟女儿这周末会看。"哇！神把我放在那医院里，明显并非出于偶然！这是她的也是我的福气！

华恩的背部渐渐好转，他认定那只是背部肌肉有瘀伤。除了跟队员们去巴拿马运河（那是原装正版的世界七大奇迹之一）观光那次以外，他一直全心全意地在医院陪伴我。

总结成果

　　除了我个人布道接触到的，其他队员总共跟一百二十四人分享过主耶稣的事情，其中三十二位愿意跟他们祷告、认罪，接受救恩。唯有神知晓他们的内心。我认为这只是个开始，那群慕道者总算朝着神走前了一步。要达成我们的使命，使人做门徒，仍需等待随后那实际的跟进工作。

　　不要因看了这报告，就以为当地的属灵胜仗得来轻易，也不要误会那结果仅仅是一队精英勤奋服事的成果。若非圣灵预备、开导人心，一切努力尽都枉然。我发现，属灵的果效跟队伍带来的代祷支持成正比，因此我虽然"人被轰走"，无法亲身留在队伍中，我却有充裕的时间祷告。每天跟祷告伙伴们的连结，叫我参加这宣教队伍的决定不致徒然（除此以外，华恩跟我也在四次崇拜中宣讲信息）。

第 *12* 章

点线连成面

一篇个人见证，诉说横跨六十余年，神在东方如何显出祂不可思议的信实（根据 2009 年 8 月，作者在科罗拉多圣约退休村讲座的摘录写成）。

传道书 11：1

"当将你的粮食撒在水面，因为日久必能得着。"

有时候，我们会感到气馁，因为服事神没有立即见到果效，或者向祂祷告未蒙应允，但神仍是信实的。为祂荣耀而贡献微薄之力，无论何等微不足道，最终必有收成，有时还会得着做梦也想不到的结果。我们很少能在短短数年间得窥神计划的全貌，"很多日"以后（大概五六十年吧），你会看得通透。

一块扔出的卵石

我读过一些资料，提及把卵石扔进波平如镜的水中，会产生无限来去徘徊、里里外外的涟漪，激起永无休止的连锁反应。其中的真相我不得而知，神的话却确实如此，永不徒然返回。问题只是我们活得不够长，以致看不见，也许是我们没办法看见所有涟漪，或者我们没有把那些小点连成线，再加以组合。这次，神让我看见一件又一件看似互不相关的琐事，如何连结起来。

但愿这简单的见证叫你们看见神的信实，成为大家的鼓励。这故事记述神怎样把一块平凡不过的卵石扔到静水之中，激起叫人无法相信的涟漪效应。愿神使用这记叙，在你们服事祂的领域里，或在祷告的负担上，或在你们向家人（子女、儿孙们）述说真理时，激励你们。各位大可放心，每逢大家体贴天父的心意之际，你们的努力必不徒然。

时光倒流超过六十年。1953 年我年方二十三，以年轻宣教士身份来到香港。当时大量难民正从中国涌至。人行路上满布硬纸板箱充当的居所，难民家家户户都睡在里面，没有其它容身之所。宣教机构要把我安置在哪里？

我们有位资深宣教士重建了一间石屋，房子座落于距离市区一小时船程，一个叫长洲的小岛上。大战时，日本人把房子夷平，取去其中的铁杆作军事用途。现在那宣教士重建的房子，将成为我在香港的第一个家。那时还没有冷气机，小岛上却清风送爽，对一位害怕香港的高温与湿度的宣教士来说，那是个理想的避暑之地。

我抵达香港后的首要任务，就是学讲广东话。这将是我第一个四年任期中最基本的任务，在第二个任期里的部分时间亦然。从圣经学院以及大学时期的经验中，我清楚自己脑中的语言区从未发展成熟，西班牙语、瑞典文及希腊语，我都学得非常辛苦。要学有九个声调，没有字母的广东话，我要尽力取得一切帮助。

其实我住在哪里都不要紧。由于市区的住所附近没有语言学校，于是我便请求宣教机构容我搬到小岛上那宣教士的房子里去。虽然海边住了大约三万个中国人，能跟我用英语沟通的却只有我的中文老师，这真是学习语言的理想环境。周末时，我会乘小艇回到市区去，参加中国人教会的崇拜。崇拜内容我全听不懂，不过我却能在那些周末里，跟其他讲英语的宣教士交流。我在其中一位家中的阳台上，架起露营用的小床来睡，我可真享受那些能用英语交谈的宝贵时光。这样生活了九个月后，宣教机构在市区找到住处，让我和一个宣教士家庭同住。

由于香港当时是英国殖民地，很多学校里都教授英文，有些更以全英语上课。我学习语言的进度如此缓慢，如今可以不用等五至十年待广东话流利后，就能开展某类事工，我有多高兴，你们可想而知。

当时播道会在香港岛有一班中学生英文主日学需要老师，他们便请我帮忙。虽然这事工要在主日清晨开始，我仍欣然接受。主日早上，我首先要乘坐一班很早开出、班次疏落的公交车前往码头，然后要等候乘坐一班半小时船程的小艇横渡海港，再在香港岛搭乘电车到那教会去。我的主日学班约有十二名中学生。我忠心地备课并为那群孩子祷告。除了一个叫冯智玲的女孩以外，其他同学都经常出席。智玲格外安静，而且常常缺席，我得去探望、鼓励她。

我还记得冯智玲住处所在的街道，英文名字叫 Cross Street（交加街），非常难找。我当然不认识港岛那边的街道，用来问路的广东话也词不达意。香港岛市中心包括一条环山而上的道路，海拔一千五百英尺，全岛阔二至五英里、长十一英里，岛上的道路蜿蜒曲折，仿若绕着山边的牛行小径。

香港有些道路很特别，不少高楼大厦靠山而建。记得后来我侄儿 Jonathan 用累积的飞行里数换取机票来港探我，我带着他在港岛市中心办事时——那次我们明明从海平面的街道进入一幢大厦，搭乘电梯到十七楼的大堂去，但在大堂玻璃门外，看到的竟然是一条可让出租车载客的街道（编者按：此大厦应为香港岛的合和中心）。

身为宣教新丁，我既不懂公共汽车的路线，也雇不起出租车，于是买了张地图，找一家商店租了一辆脚踏车，那就连单行道也没问题了（美中不足的是出租的全是男士用脚踏车，很难骑上去）。高温下我手握地图，骑着脚踏车，穿梭于闹市交通之中，最后终于找到冯智玲的家。她表明喜欢那班主日学，答应会再来。她多来了一次，然后又缺席了数个主日，我再去探望，她又再来。她出席得颇不稳定，为要提醒她常来，我骑脚踏车探望了她好几次。我把神的心意告诉她，为她祷告，最后她终于接受了耶稣做救主！

多年以后，冯智玲告诉我那时她为何不经常参加我的主日学。原来她当时穷得只有一条裙子！若她每主日都来，身上穿着同一条裙子，想必人人都看得出来。只有偶尔出现，才不会那么容易叫人发觉。

神的确相当幽默，祂拣选了这样一块让人看来意想不到的卵石，用来激起那连绵不断的涟漪或连锁反应，确实叫人意外。一个只有一条裙子可穿，穷困家庭出身的中学女生，藉着这样的生命，神究竟可有什么作为？"当将你的粮食撒在水面，因为日久必能得着。"神的应许如是。

最后冯智玲领了她的母亲和妹妹信主，她婶母冯太太辗转也信了耶稣。我想让大家看看一些源自冯智玲、她妹妹和婶母的涟漪或连锁反应。她们预备好自己，随时候命，任由神差派与使用，神就重用她们，甚至无法测度。这三块石子五十多年前所引起的涟漪，至今仍遍布各处，清晰可见。诗篇66篇5节发出的邀约在这里应验了："你们来看神所行的，祂向世人所作之事是可畏的。"

宣教异象

时候到了，冯智玲及其妹妹都感到神呼召她们全职事奉。二人念完神学，踏上全职承担基督教事工之路。智玲进入宣道会希伯仑堂事奉。除了在那教会里接触到的生命，她对宣教热忱有加。一天她跟我分享对那个教会的差传异象——不但从她教会差派宣教士到遥远的工场去，更展望教会成为宣教机构，把很多宣教士差派到全球每个角落去！我却向她浇冷水，对于一间教会而言，那太"专"了。教会职员在处理本地事工之余，还要付出时间来兼顾以不同语言，在不同文化中进行的海外工作，实在令人吃不消。幸好她没有采纳我的意见。她的教会后来成了香港街知巷闻的宣教机构，负责把宣教士差派到无论远近的国家去，接触当地居民。只有在永恒里，世人才能得知，单凭冯智玲的生命与事奉，到底有何全面影响。神选择了使用一个只有一条裙子，不多说话的中学女生，仅一块卵石，就能在世界各地激起涟漪，而且至今仍然荡漾。然而，由这女孩发出的涟漪所引起的连锁反应，这不过是个起点而已。

冯智玲的妹妹与平安福音堂

冯智玲的妹妹嫁给了同一神学院里一位毕业生，夫妻同心，在香港与志同道合的肢体建立了一间又一间教会。他们强调门徒训练、喂养神的话并着重祷告，叫他们那"平安福音堂"的会友成为基督有力的见证，孕育出骄人的教会增长成绩。在智玲的妹妹及妹夫吴主光与其他领袖的带领下，平安福音堂堂会数目倍增。我最近一次听说，他们在香港已发展至三十多间堂会，而且仍在增长中，这趋势甚至蔓延至北美。他们都是认真的基督徒，生命具感染力，这在香港是众所周知的。他们自称为"平安福音堂"的那些教会，在香港以及在北美，俨然成了一个宗派。

我退休后有次获邀回香港，在两间平安福音堂合办的四天冬令会中担任讲员。参加的大约有两百位营友，大部份是大学生和年轻的职场夫妇。他们放弃假期，出席营会，为的是要认真研读神的话，并学习如何在生活中应用。他们对神十分认真！

这些涟漪由一位只有一条裙子的文静中学女生引发，现在却延伸成了三十多间堂会，分布在香港及海外。神的信实叫人讶异，从未停止。我选择了分享智玲的故事，因她是如此平平无奇的一块卵石，叫人看不出竟然可以激起无穷无尽的涟漪。故事还有下文。

冯太太的房子

有一年，我住在一幢楼宇十一楼的公寓里，对面正是窝打老道山下那条街道。这座山部份被移走，变成一大堆高耸的公寓式华厦，每座楼高二十至三十层。每当在阳台灵修之际,看见窝打老道山上这些高楼时,我期盼有查经班,可以招聚这些大厦的住客来参加,哪怕只是一班也好!智玲的婶母冯太太住在那儿其中一幢单元房里。圣诞前夕,冯太太和我计划好为她那幢大厦的儿童开个圣诞庆祝会,地点就在她家里。我便跟一些神学生挨家挨户,邀请全幢大厦的所有小朋友参加她的庆祝会。神学生们协助茶会进行,又负责讲圣经故事,很多孩子来参加并爱上这儿的聚会。这后来演变成每周在冯太太家中进行的儿童圣经故事聚会。

我写信给那时正在美国述职的宣教士嘉理信牧师夫妇,提议他们日后回港,要在窝打老道山找居所,以便在这些楼宇中间开展查经班。他们果然照行,并跟冯太太一起,联系那群每周参加儿童小组的孩子母亲。很自然地,后来成立了妇女福音性查经班,而几位母亲亦从中信了主。她们的丈夫又如何?他们何时才有空来?我们为这事祷告很久。那群男士们回复,只有每主日早上九时半才有空。他们都是事业有成的商人,常要为生意往来美国,无论教育、成就、财富和地位的目标都已达成,然而他们的人生仍有欠缺。他们感到空虚,觉得自己的灵性处于真空状态。

基督教女青年会在冯太太所住的同一大厦中拥有几层的业权。冯太太本身是这机构的董事会成员,她很容易就获准在主日早上九时半,借用女青年会那优美的小礼堂来崇拜。最初只有几位父母来,后来则越来越多父母带着孩子到来。父母崇拜时,冯太太和同工们就为儿童安排了属他们的聚会。他们要向女青年会在那楼层中借用更多房间。

后来,他们聘请了一位名叫苏颖睿的年轻传道人,来帮助联系这些家庭。为接触求学年龄的青少年,这传道人在当时的浸信会书院找了份教职，教授一个名为"生活的艺术"的课程。他很受学生们爱戴，大家会在课堂上讨论哲学、人生意义。他邀请学生们每周末晚上到他在窝打老道山的房子去，又跟妻子弄点炒饭和简单的菜肴招呼各人。他报告说，几乎有五十位大专学生参加。大家围坐在他住处的地板上，一面吃用纸碟盛着的食物，一面畅谈，讨论属灵课题，其中有些信了主。他就邀请他们试试到女青年会的礼堂，参加主日崇拜。学生们最后竟然来了一大群，把礼堂坐满了。整件事就像雨后春笋。苏传道在女青年会附近租了个地方，开办了周五晚间查经班，自己又带领一个为未信者开设的福音性研经课程。这课程的学生信主后，就晋升到由其他人教导的门徒训练班去，让更多未信的人可以进到福音性研经班来。他们租用的地方越来越多。最终经常参加周五晚间查经班的，有超过一百对年轻夫妇。

1976年，他们组织起来，正式成立了播道会窝打老道山福音堂（简称窝福堂）。这里跟传统教会不大相同，吸引到不少留学海外，既有才华又年轻的大学毕业生参加。他们在外地信主，然后回到香港来，却发现难以适应香港传统教会的文化。

为配合会众人数增长，窝福堂租用了附近一所学校进行主日崇拜。后来，这里成了他们首间分堂。直至2013年，窝福堂本身有一千五百人参加主日崇拜，他们一共建立了十间分堂，而分堂其后又再植堂，增建了六间属"第三代"的堂会。由于他们当中有些是超大型教会，因此今天窝福堂及其后代教会，参加人数已逾二万三千。

他们中间一个分堂（编者按：播道会恩福堂）买了地业，自建楼高十九层的教会大楼，其中还包括了自己的圣经学院。地价高昂之际，建筑不得不舍宽取高。

恩福堂在全世界都有宣教事工。他们的主任牧师当年信主后便立刻进入达拉斯神学院（Dallas Seminary）受训。他写了好些书籍及单张，切合中国文化，很适合中国人阅读。只有神知道，透过一间教会，竟可如此全面接触世界。一颗看来平凡的卵石甘心随主任用，被扔进静水之中。持续不断的涟漪，从一个只有一条裙子的穷家女孩开始！

当将你的粮食撒在水面，因为日久……哇！

涌溢到美洲

1997年退休后，智玲的婶母冯太太邀请我到纽约的依萨卡一星期，在一些家庭聚会以及一个主日崇拜中，向华人会众讲道。那次外展背后的故事是这样的——冯太太有个儿子在那里享负盛名的康奈尔大学读书。她在大学附近租了个房子，每天到大学去探访那里的华人学生，跟他们结交，在休闲室、饭堂、图书馆，甚至女生洗手间里和她们倾谈。她爱这群形单影只、远离家园的学生，在给予他们辅导之余，久而久之好像成了他们的代母。她找到一位在唐人街经营米店的退休传道人，成功说服他带领那些华人学生在周五晚上查经。最后冯太太租了个礼堂做主日崇拜，找来一些关键的成熟华人信徒参与，组织了一间华人教会。我到访的那周末，礼堂挤得水泄不通，远超法定可容纳的人数。周日晚上，我们在不同的家庭中聚会，其中也有人决志信主的。这些华人信徒开始计划购入一所教会大楼。那建筑物外观美丽，但里面会众人数已不断萎缩，只剩下几位老人家。后来他们就买下了这设备一应俱全的教会物业，里面有音响系统、风琴、钢琴，还有教会图书馆。现在教会已经在新大楼内蓬勃增长，又准备要再购买隔壁一幢建筑物，好增添课室的数目。

1953 年我骑着脚踏车，拿着地图，在香港的炎热高温与繁忙交通中穿梭，为要寻找一个只有一条裙子的中学女生。谁会料到，神有一天竟把这毫不起眼的卵石，扔进平静的水中，激起涟漪。藉着她、她妹妹和婶母的人生，为祂把福音带到世上不同的角落去！今天，我们把这些分散出去的一点一点都连结起来时，感到惊奇不已，我们终于看见神怎样把这些早早以前已营造出来的涟漪效应，一直延展下去。祂的器皿，就是那个只有一条裙子可穿的中学女生。

传道书 11：1

"当将你的粮食撒在水面，因为日久必能得着。"

另一本书

我想藉此向你推荐另一本书，就是我父亲的传记。这本书记载了他在20世纪初于华北那段不寻常的生活，并具有先导作用的事工。父亲于1972年离世。在这之前，他把很多自己非凡的故事录了音，他的孙女缪乐儿（Joy Mielke）就把录音抄写出来，成为他的传记《当凡夫俗子遇上伟大真神》(*An Ordinary Man-A Great God*)，并已于2011年自费在美国出版。为了更完整记录父亲的一生，乐儿从我这本书的初版里，随意抄录了我某些童年往事的片段，所以在她书中会读到一些有关我的重复记载。

我极力推荐大家去看看乐儿那本书（内容在很多网站都能读到），因为那是宣教历史中独一无二的故事，每个基督徒家中都应有一本，从中得着对宣教的启发。而我的故事，其实只是父亲故事的延续。

这项把神的心意告诉中国人的事奉，我们的家族至此已经有两代人参与其中，前后几乎经过一百年了。自从父亲在1917年首次踏足中国至今，我跟世界各地的华人分享这本见证，将近跨越一个世纪。我们何等蒙福！请阅读父亲的故事——《当凡夫俗子遇上伟大真神》。

虽然父亲已于1972年辞世，你今天却仍可在AgreatGod.com这网址上听见他的声音，那里有小部分他的个人见证，述说神是何等信实。

重要日期

1889 年　　　父亲栩树叶（Knute Hjalmar Ekblad）在瑞典出生。

1898-1997 年　中国将香港租借给英国 99 年。

1906 年　　　父亲栩树叶从瑞典移居美国。

20 世纪初　　义和团运动。

1917 年　　　父亲栩树叶搭乘俄国革命前最后一班火车，从瑞典穿越西伯利亚前往中国。

1918 年　　　父亲栩树叶与爱雯（Alma）结婚。

1925 年　　　爱雯病逝后，父亲栩树叶与母亲小曼（Selma Nelson）结婚。

1926-27 年　　父亲栩树叶因中国政治动荡返回美国，并停留五年以恢复美国国籍。

1929 年　　　哥哥保罗（Paul Ekblad）在美国出生。

1930 年　　　许德理（Doris Ekblad）在美国出生。

1933 年　　　全家（Ekblad）返回内蒙古。

1934 年　　　美国宣教士师达能和史文明（John and Betty Stam）夫妇在华殉难。

1933-36 年　　保罗和许德理在内蒙古度过童年。

1936 年　　　母亲倪小曼去世。兄妹俩返美在姨母家生活。

1937 年	抗日战争爆发。父亲枬树叶三婚后回美述职。
1945 年	威斯康星州的家被大火烧毁。
1948 年	许德理在肯塔基州进行为期三个月的夏季短宣事工。
1953 年	许德理以宣教士身份抵达香港。
1953 年	靳思亚（Gunzel）首次对蒙古语《圣经》进行文学修订（古雅版本）。
1960 年	许德理患布氏杆菌病发烧，返回美国。家中经历紧急情况，父亲心脏病发作。
1962 年	许德理返回香港。
1960 年代	许德理开始在香港播道神学院任教。
1970 年代	尼克松总统访华。中国文革结束后改革开放。
1981 年	许德理回美述职。
1982 年	许德理首次返回内蒙古。
1987 年	第二次返回内蒙古。
1991 年	第三次返回内蒙古。外蒙脱离俄罗斯影响，传统蒙古文重被引入学校。许德理搭乘西伯利亚大铁路旅行。
1991 年	泰国、澳大利亚、新加坡之旅。

1997 年	香港回归中国。
1997 年	许德理退休。在安徽芜湖寻找宣教士师达能夫妇之墓。
2000 年	蒙古语新约圣经口语版翻译完成。
2001 年	许德理香港讲道之旅。蒙古语新约圣经口语版翻译质量获肯定。
2002 年	再次前往香港筹款印刷（蒙古语）新约圣经。与华恩-奥逊牧师（Pastor Vern Olson）订婚。
2003 年	蒙古语新约圣经出版发行。许德理与奥逊牧师结婚，夫妇退休后定居科罗拉多州的圣约退休村（Covenant Retirement Village）。
2007 年	蒙古语新约圣经口语版发行的突破。
2008 年	蒙古语新约圣经口语版在中国国内发行。

2024年宣教士许德理于科罗拉多州圣约退休村

www.ingramcontent.com/pod-product-compliance
Lightning Source LLC
Chambersburg PA
CBHW030514080526
44586CB00011B/186